Massimo Ruocchio

Tutte le novità di
Oracle 12c

Installazione
Cloud e Multitenant Architecture
Amministrazione
SQL & PL/SQL
Performance tuning
Sicurezza

Sommario

Sommario...2
Introduzione..5
1   Installazione 8
   1.1   Procedura guidata 8
   1.2   Servizi Windows...11
2   Cloud e Multitenant Architecture...12
   2.1   C come Cloud..12
   2.2   Introduzione alla Multitenant Architecture 13
   2.3   Containers in un CDB..14
      2.3.1   Il container CDB$ROOT 14
      2.3.2   I container PDB...14
      2.3.3   Container corrente 15
      2.3.4   Data Dictionary in un CDB..16
   2.4   Utenti e ruoli in un CDB 16
      2.4.1   Utenti comuni o locali..16
      2.4.2   Ruoli comuni o locali...17
   2.5   Architettura fisica di un CDB...18
   2.6   Operazioni amministrative in un CDB..................................19
      2.6.1   Avviare ed arrestare Oracle..19
      2.6.2   Connettersi al database..19
      2.6.3   Unplug e trasferimento di un PDB 21
      2.6.4   Duplicazione di un PDB 22
      2.6.5   PDB Trigger 24
3   Amministrazione del DB...28
   3.1   Enterprise Manager Database Express..............................28
      3.1.1   Database Performance Hub 30
      3.1.2   Composite Active Report 30
   3.2   CloneDB..30
   3.3   Spostare o rinominare un datafile online 31
   3.4   PGA_AGGREGATE_LIMIT 32
   3.5   Data Pump..32
      3.5.1   Export/Import in modalità Full Transportable...............32

- 3.5.2 Il parametro LOGTIME. ...33
- 3.5.3 Audit ...34
- 3.5.4 Esportare una vista come tabella ...34
- 3.5.5 Modifica del tipo di compressione ...36
- 3.5.6 Import no Logging ...37
- 3.5.7 Parametro ENCRYPTION_PWD_PROMPT ...37
- 3.6 SQL Loader ...38
  - 3.6.1 Abilitazione di dNFS ...38
  - 3.6.2 Audit ...38
  - 3.6.3 Express Mode ...39
- 3.7 Il package DBMS_QOPATCH ...40
- 3.8 RMAN ...40
  - 3.8.1 Uso diretto dell'SQL da RMAN ...40
  - 3.8.2 Table-Level Recovery ...42
  - 3.8.3 Backup, Restore e Recovery di un PDB ...43
- 3.9 XML DB obbligatorio ...43
- 4 Oggetti del DB ...44
  - 4.1 Il dizionario dati ...44
  - 4.2 Tabelle ...45
    - 4.2.1 Colonne basate su sequence ...45
    - 4.2.2 IDENTITY Columns ...46
    - 4.2.3 Valore di default e NULL ...47
    - 4.2.4 Valore di default in dizionario per colonne NULL ...48
    - 4.2.5 Colonne invisibili ...52
    - 4.2.6 Record archiviati ...53
    - 4.2.7 Truncate CASCADE ...56
  - 4.3 Viste ...57
    - 4.3.1 Colonne invisibili ...57
    - 4.3.2 La clausola BEQUEATH ...58
  - 4.4 Datatype ...62
    - 4.4.1 Extended Datatype ...62
    - 4.4.2 ANYDATA supporta XMLTYPE ...66
  - 4.5 Partizioni ...68
    - 4.5.1 Indici Globali gestiti in asincrono ...68
    - 4.5.2 TRUNCATE ed EXCHANGE Partition CASCADE ...68
    - 4.5.3 MOVE di partizioni ONLINE ...72
    - 4.5.4 Indici parziali ...72
    - 4.5.5 Manutenzione di più partizioni ...73
  - 4.6 Indici ...74
    - 4.6.1 Più indici sullo stesso insieme di colonne ...74
    - 4.6.1 CLEANUP di un indice ...75
  - 4.7 Sequence ...77
    - 4.7.1 Sequence di sessione ...77
    - 4.7.2 Keep Nextval ...78
- 5 SQL e PL/SQL ...79
  - 5.1 SQL ...79

		5.1.1	OUTER JOIN doppie 79

- 5.1.1 OUTER JOIN doppie 79
- 5.1.2 Validità temporale dei dati 83
- 5.1.3 Paginazione dei record estratti in SQL 86
- 5.1.4 Le clausole APPLY e LATERAL 93
- 5.1.5 Pattern matching di righe 96
- 5.2 PL/SQL 100
  - 5.2.1 RESULT_CACHED ed AUTHID CURRENT_USER . 100
  - 5.2.2 Oggetti LIBRARY 101
  - 5.2.3 La clausola ACCESSIBLE BY 102
  - 5.2.4 DBMS_UTILITY.EXPAND_SQL_TEXT 103
  - 5.2.5 Il Package UTL_CALL_STACK 104
  - 5.2.6 Parametro SCHEMA in DBMS_SQL.PARSE 108
  - 5.2.7 Funzioni e clausola WITH 110
  - 5.2.8 Datatype PL/SQL in SQL dinamico 111
- 6 Performance Tuning 113
  - 6.1 Implementazioni a DBMS_STATS 113
    - 6.1.1 Statistiche su gruppi di colonne 113
    - 6.1.2 Raccolta in parallelo di statistiche 115
    - 6.1.3 Statistiche incrementali 116
    - 6.1.4 Nuovi tipi di istogramma 121
    - 6.1.5 Statistiche Online per caricamenti massivi 122
    - 6.1.6 Statistiche sulle Global Temporary Table 125
  - 6.2 Statistiche aggiuntive 128
    - 6.2.1 Adaptive Query Optimization 128
    - 6.2.2 Statistiche dinamiche 129
    - 6.2.3 SQL Plan Directives 129
  - 6.3 Il package DBMS_SQL_MONITOR 133
  - 6.4 Ottimizzazione di UNION ed UNION ALL 138
  - 6.5 Evitare il Parallel Statement Queuing 140
  - 6.6 Aggiornamento Out-of-Place delle MV 141
- 7 Sicurezza 144
  - 7.1 Password case sensitive 144
  - 7.2 Algoritmo SHA-2 144
  - 7.3 Il nuovo Unified Audit 145
  - 7.4 GRANT ad un programma PL/SQL 152
  - 7.5 Modifiche al privilegio SELECT ANY DICTIONARY 154
  - 7.6 Ultimo login 154
  - 7.7 Il ruolo Resource 154
  - 7.8 Nuovi privilegi amministrativi 156
  - 7.9 Nuovi privilegi su utente 156
    - 7.9.1 GRANT...ON USER 156
    - 7.9.2 INHERIT PRIVILEGES 157

Indice Analitico 161
Indice delle figure 165

Introduzione

Il 26 giugno 2013, dopo 2500 anni-uomo di sviluppo in cinque anni solari ed 1,2 milioni di ore di test, è stato rilasciato Oracle 12c, la nuova versione del database di Redwood Shores.

Come nelle precedenti versioni, il numero di release (12) è accoppiato ad una lettera dell'alfabeto che sintetizza la direzione in cui Oracle si è mossa nello sviluppo delle nuove funzionalità.

La lettera "c" di Oracle 12c ammicca chiaramente al *cloud computing*. La *multitenant architecture,* pensata per agevolare il consolidamento dei database in un *private cloud*, è sicuramente la principale novità della release. La illustreremo nel secondo capitolo di questo manuale, subito dopo avere dato uno sguardo alla procedura d'installazione.

Ovviamente non c'è solo la *multitenant architecture* in Oracle 12c. Sui white paper sono dichiarate più di 500 nuove funzionalità. Non sappiamo come sia stato calcolato questo numero, in ogni caso di funzionalità nuove ed interessanti ce ne sono sicuramente molte. Nei capitoli successivi al secondo analizzeremo tutte le principali novità, cercando di chiarire i concetti mediante molti esempi pratici. Saranno trattati sia argomenti di amministrazione sia temi più vicini allo sviluppo applicativo.

Per tutti i temi si assumerà che il lettore possegga una buona conoscenza del funzionamento delle precedenti versioni di Oracle. In ogni caso, su molti temi specifici, gli esempi pratici sono eseguiti sia su Oracle 11g che su Oracle 12c, in modo da poter facilmente consentire al lettore di confrontare i differenti comportamenti delle due versioni del database.

Questo manuale non è da intendersi come aggiornamento di "Welcome to Oracle", l'altro libro su Oracle che ho pubblicato e che può essere acquistato in formato elettronico su

http://oracleitalia.wordpress.com

oppure in formato cartaceo su amazon.it e lulu.com.

"Tutte le novità di Oracle 12c" illustra esclusivamente le nuove funzionalità introdotte nell'ultima versione del database, mentre "Welcome to Oracle" è una giuda introduttiva al db Oracle.

I lettori che vogliono avvicinarsi ad Oracle 12c senza avere mai avuto esperienza con altre versioni del database Oracle, farebbero bene a cominciare con "Welcome to Oracle", oppure da un altro manuale equivalente, e poi proseguire con la lettura di questo.

Ad oggi "Welcome to Oracle" è aggiornato alla release 11g, è possibile, ma non certo, che in futuro io decida di rivederlo aggiornandone il contenuto ad Oracle 12c. In ogni caso la maggior parte dei temi trattati in questo manuale non saranno riportati in una eventuale futura versione di "Welcome to Oracle" visto il taglio introduttivo di quel testo.

"Tutte le novità di Oracle 12c" è stato scritto e verificato con la massima scrupolosità. Visti, però, i tempi piuttosto brevi in cui è stato realizzato è probabile che alcuni refusi possano essere scappati alle correzioni. Ringrazio fin d'ora i lettori che vorranno aiutarmi a correggerli segnalandoli all'indirizzo email

Welcome.to.oracle@gmail.com

Settembre 2013   Massimo Ruocchio

"Tutte le novità di Oracle 12c" è distribuito riservando all'autore tutti i diritti. Ne è pertanto vietata la vendita, modifica o distribuzione in toto od in parte. Per i dettagli:

http://oracleitalia.wordpress.com

Settembre 2013   Massimo Ruocchio

1 Installazione

1.1 Procedura guidata

La procedura di installazione del DB è molto simile alla versione precedente, ci sono giusto due o tre novità.

La prima differenza è l'introduzione di una pagina in cui ci viene chiesto di decidere se scaricare automaticamente gli aggiornamenti software.

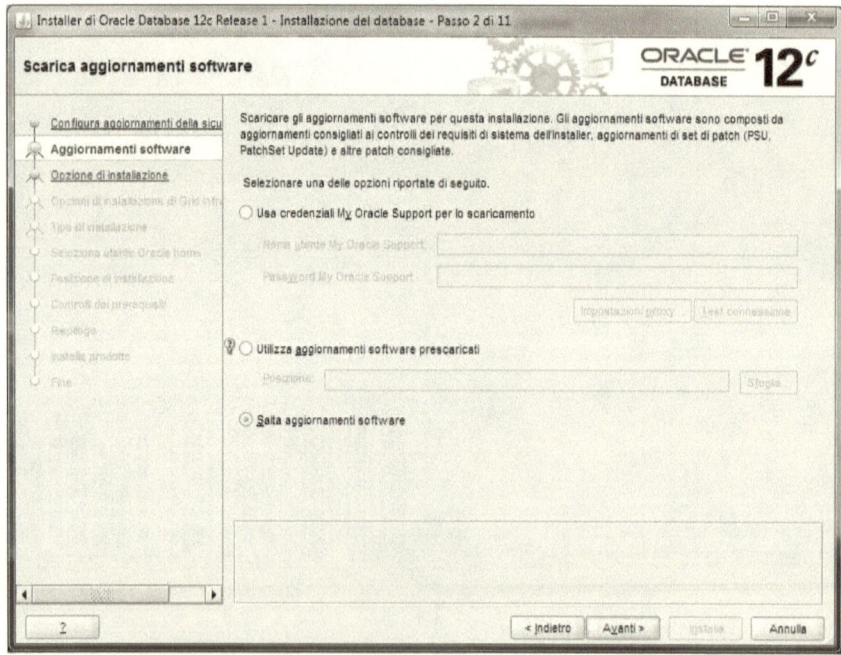

Figura 1-1 Aggiornamenti automatici

La successiva novità è specifica per le installazioni su Windows.

Per ragioni di sicurezza, Oracle richiede di specificare un utente Windows che non abbia privilegi d'amministrazione da utilizzare per far girare i servizi. In fase d'installazione viene proposta una pagina in cui è possibile scegliere l'utente Windows:

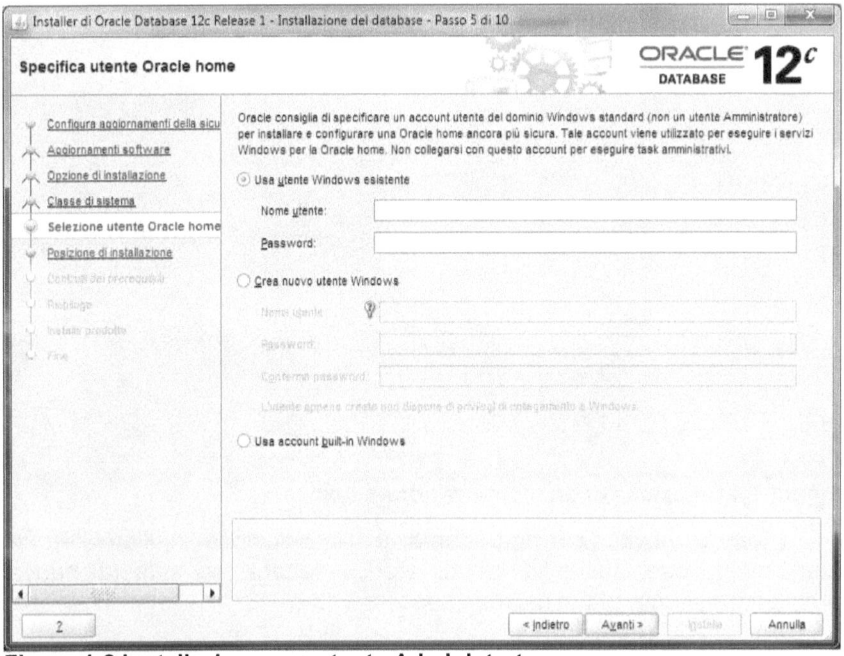

![Installer di Oracle Database 12c Release 1 - Specifica utente Oracle home]

Figura 1-2 Installazione con utente Administrator

Se si sceglie un utente amministratore (l'utente corrente nel caso dell'esempio), si ottiene un errore:

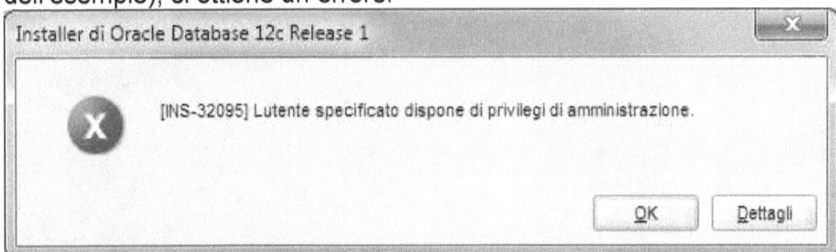

Figura 1-3 Errore: è stato scelto un amministratore

È quindi necessario scegliere un utente non amministratore, oppure farne creare uno alla procedura d'installazione:

9

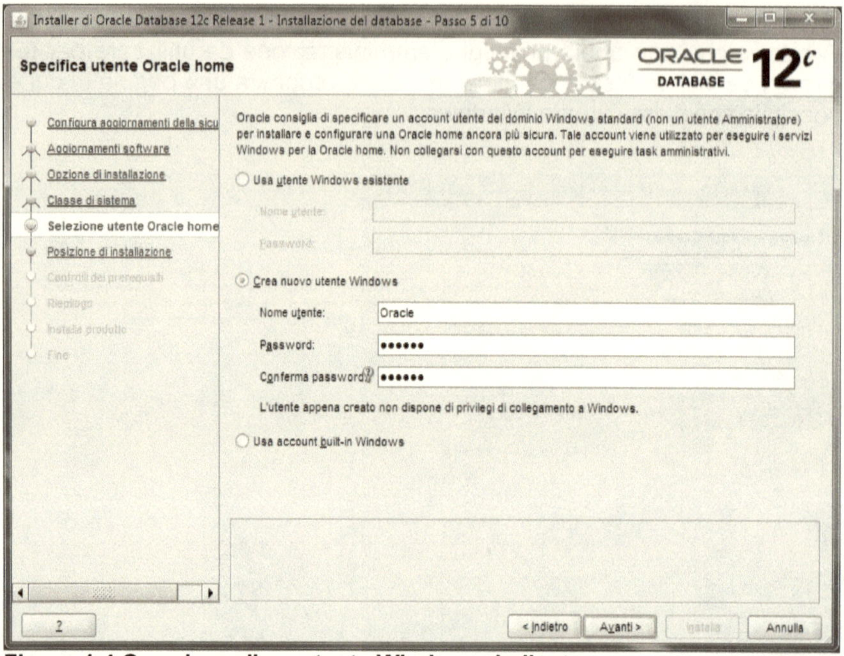

Figura 1-4 Creazione di un utente Windows dedicato

Ma la novità più importante è l'introduzione dell'architettura Multitenant, che abilita il cloud. Per i dettagli su questa nuova architettura si rimanda al capitolo successivo.

Per il momento ci limitiamo ad evidenziare che, nella pagina successiva (riquadro rosso), ci viene chiesto se abilitare questa funzionalità creando un database contenitore (CDB) ed, eventualmente, un pluggable database (PDB) al suo interno.

Se non attiviamo questa opzione otterremo un db classico che, in Oracle 12c, è definito non-CDB.

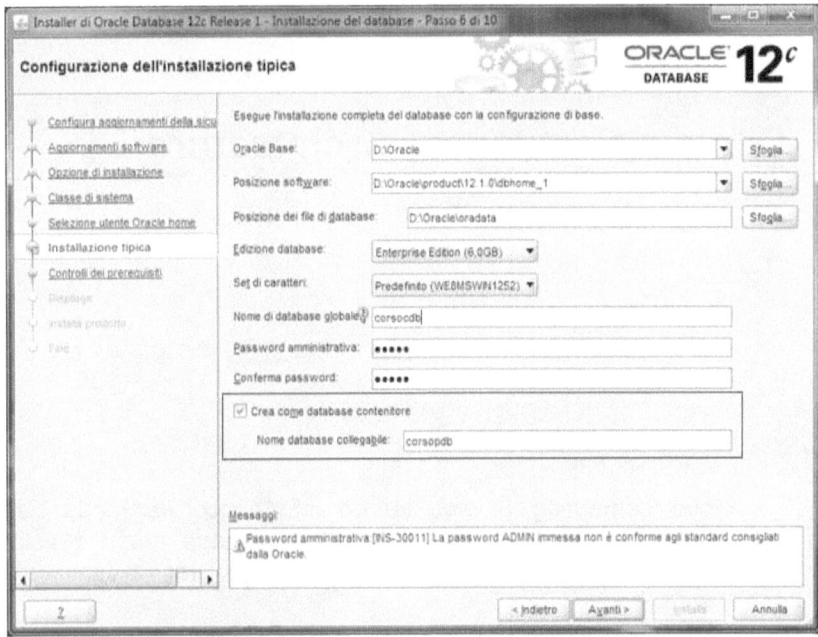

Figura 1-5 Multitenant Architecture: scelta tra CDB o non-CDB

1.2 Servizi Windows

.Anche nei servizi creati su Windows ci sono delle differenze. Rispetto alla versione 11g non compaiono più i servizi:

- OracleDBConsole<SID>, che era utilizzato per l'Enterprise Manager

- Oracle<OracleHome>ClrAgent, che serviva a gestire le chiamate REMEXEC in un unico processo multithread.

Viene invece creato per default il servizio OracleVssWriter<SID>, che gestisce il recovery via VSS (Volume Shadow Services) su Windows. Questo servizio era già presente nelle precedenti versioni di Oracle ma doveva essere esplicitamente installato dall'utente.

OracleJobSchedulerCORSOCDB		Disabilitato	.\Oracle
OracleOraDB12Home1MTSRecoveryService	Avviato	Automatico	.\Oracle
OracleOraDB12Home1TNSListener	Avviato	Automatico	.\Oracle
OracleRemExecServiceV2		Manuale	Sistema locale
OracleServiceCORSOCDB	Avviato	Automatico	.\Oracle
OracleVssWriterCORSOCDB	Avviato	Automatico	.\Oracle

Figura 1-6 Servizi Windows

2 Cloud e Multitenant Architecture

2.1 C come Cloud

Il cloud computing è, nel settore informatico, la moda del momento. Come sempre succede con i termini alla moda, anche questo è straordinariamente abusato. Viene utilizzato in diversi contesti con differenti significati.

Per dare una definizione generica, e dunque imprecisa, possiamo affermare che il cloud computing è un insieme di tecnologie e pratiche organizzative che consentono di ottimizzare le risorse informatiche (hardware, software, infrastrutture, etc...) in modo da consentirne la fornitura agli utenti interessati a richiesta e, soprattutto, ad un costo più basso.

Facciamo un esempio: ho una serie di documenti, brani musicali, eBook eccetera che voglio poter utilizzare in mobilità, mediante il mio tablet; a casa, su televisore e pc; in ufficio, sul pc aziendale. Per ottenere questo risultato posso dotarmi di un'infrastruttura hardware (HDD portatili, schede SD ecc...) e/o software (programmi di sincronizzazione dei vari dispositivi) oppure posso mettere tutti i miei file in un'infrastruttura cloud fornita da un'azienda e connettere a questa tutti i miei dispositivi, dovunque mi trovi, mediante internet. La seconda soluzione è sicuramente più comoda ed economica, l'azienda che mi fornisce il servizio cloud può permettersi di applicare bassi costi perché fa economia di scala.

L'esempio precedente fa riferimento al cosiddetto *public cloud*. Le risorse messe a disposizione dell'utente sono prese in un ambiente pubblico condiviso con altri utenti.

Per motivi di sicurezza, un'azienda difficilmente può usufruire di un cloud pubblico. Può però trovare comunque beneficio dalla creazione di un cloud privato. Una banca che deve mettere in produzione diversi sistemi informatici può "consolidare" la propria infrastruttura hardware e software creando un pool di risorse che i diversi sistemi condividono. Il consolidamento dei datacenter, ad esempio, è già una realtà per molte aziende. Invece di comprare server dedicati per ogni sistema da mettere in produzione, si fa abbondante utilizzo delle tecnologie di virtualizzazione per avere pochi server più potenti su cui girando molte macchine virtuali.

La lettera "c" di Oracle 12c sta per Cloud e fa riferimento appunto al "private cloud". La funzionalità principale introdotta in Oracle 12c per il supporto del cloud computing è la Multitenant Architecture, che illustreremo nel prossimo paragrafo.

Come la "i" (internet) di Oracle8i ed Oracle9i e la "g" (grid computing) di Oracle10g ed Oracle11g, anche la "c" (cloud computing) di Oracle 12c è essenzialmente un'operazione di marketing. La multitenant architecture è sicuramente un'utile funzionalità che consente di consolidare e gestire più agevolmente diversi database, ma non si tratta, a mio modesto avviso, di una rivoluzione copernicana.

È importante sottolineare che la Multitenant Architecture di Oracle 12c è un'opzione. Se non è attiva, Oracle 12c continua a comportarsi esattamente come nelle versioni precedenti, ogni db richiede un'istanza dedicata. I database creati in questa modalità "vecchio stile" vengono detti non-CDB.

2.2 Introduzione alla Multitenant Architecture

Una caratteristica di Oracle fino alla versione 8i è stata l'assoluta corrispondenza biunivoca tra Istanza di Database e Database. Ogni istanza un db, ogni db un'istanza. A partire da oracle9i, l'introduzione di Oracle RAC ha dato la possibilità di condividere un unico db tra diverse istanze per ragioni di alta affidabilità. Restava però il vicolo di non poter gestire più di un database con una sola istanza.

L'architettura Multitenant introdotta in Oracle 12c rompe questo vincolo consentendo di collegare più database alla stessa istanza. In particolare, se si decide di avvalersi di quest'architettura, a fronte di un'istanza Oracle si ha un unico database contenitore (*Container database*, CDB) all'interno del quale possono essere inseriti (*plugged*) fino a 252 altri database (P*luggable database*, PDB). Ogni PDB è analogo ad un "vecchio" db Oracle delle precedenti versioni.

L'istanza è unica per il CDB e per tutti i PDB. Lo stesso vale per Redo Log File e Control File, mentre i datafile (ed i tablespace come strutture logiche, inclusi SYSTEM e SYSAUX) sono diversi per ogni singolo PDB e per il CDB.

I vantaggi principali di questa nuova architettura sono:

- La capacità di creare molto velocemente un db come copia di un altro già esistente.
- La capacità di spostare velocemente un PDB da un CDB ad un altro e quindi da un'infrastruttura ad un'altra.
- La capacità di applicare patch a più database in una volta sola.
- La capacità di applicare patch oppure innalzare di versione un PDB semplicemente scollegandolo dal CDB corrente e collegandolo ad un CDB che si trova già alla versione più avanzata.
- Il minor consumo di risorse per singolo PDB, con un risparmio dei costi complessivi.

2.3 Containers in un CDB

Un container è una collezione di schemi, oggetti ed altre strutture collegate all'interno di un CDB. Dal punto di vista dell'utilizzatore, un container è logicamente equivalente ad un database separato. All'interno di un CDB ogni container ha un nome univoco.

Ogni CDB ha un container creato per default noto come Root.

2.3.1 Il container CDB$ROOT

Al container CDB$ROOT (spesso chiamato semplicemente Root) appartengono tutti i PDB. Ogni CDB ha un unico Root che contiene tutti i dati di sistema necessari a gestire i PDB.

Dentro Root non possono essere archiviati dati specifici degli utenti applicativi ma possono essere creati degli schemi/utenti che saranno pubblici, cioè condivisi tra tutti i PDB contenuti nel CDB..

2.3.2 I container PDB

Un PDB, come detto, è logicamente equivalente ad un database Oracle classico (non-CDB database). Ogni PDB è di proprietà di SYS, che è l'utente di sistema definito nel CDB e condiviso tra tutti i PDB. L'utente SYS ha uno schema dedicato in ogni PDB.

Ogni PDB è un container.

I PDB vengono utilizzati essenzialmente per isolare i dati di un'applicazione specifica, seguendo la stessa logica con cui, nelle precedenti versioni di Oracle, si definiva un'istanza dedicata ad un'applicazione.

In un CDB, ogni PDB deve avere un nome univoco, i nomi devono seguire le stesse naming convention applicate ai nomi di servizio db. Il primo carattere deve essere un alfanumerico, i restanti caratteri possono essere alfanumerici oppure underscore. I nomi sono case-insensitive. Ogni PDB ha un servizio db associato che ha lo stesso nome del PDB stesso, tale nome di servizio è utilizzato dai client che intendono collegarsi, tramite listener, al PDB. Collegandosi in questo modo, i client non hanno nessun modo per sapere se sono connessi ad un PDB in un'architettura multitenant oppure ad un database non-CDB classico.

Ovviamente schemi ed oggetti all'interno di diversi PDB possono anche avere nomi in comune, come nell'architettura classica succede per schemi ed oggetti all'interno di db differenti.

L'unico modo per far accedere un utente di un PDB ai dati di un altro PDB è attraverso un database link, come per database separati nell'architettura classica.

2.3.3 Container corrente

In una sessione il container corrente è quello in cui la sessione è in esecuzione. Il container corrente può essere Root oppure un PDB.

La sessione può cambiare container corrente mediante l'istruzione ALTER SESSION SET CONTAINER come nell'esempio che segue. La sessione è connessa all'utente SYSTEM. Per visualizzare il container corrente si utilizza la variabile d'ambiente CON_NAME:

```
SQL> show con_name

CON_NAME
------------------------------
CDB$ROOT
```

Per leggere i servizi accessibili da questo container si può utilizzare la vista dinamica V$SERVICES:

```
SQL> select name, pdb from v$services;

NAME                              PDB
------------------------------    ------------------------------
corsopdb                          CORSOPDB
corsocdbXDB                       CDB$ROOT
corsocdb                          CDB$ROOT
SYS$BACKGROUND                    CDB$ROOT
SYS$USERS                         CDB$ROOT
```

Si tratta dei servizi di default del container Root e del servizio collegato al PDB che abbiamo creato in fase d'installazione.

Per modificare il container corrente si può utilizzare il comando ALTER SESSION SET CONTAINER:

```
SQL> alter session set container=CORSOPDB;

Modificata sessione.
```

```
SQL> show con_name

CON_NAME
------------------------------
CORSOPDB
```

Nel container PDB si può accedere solo al servizio relativo al PDB:

```
SQL> select name, pdb from v$services;

NAME                              PDB
------------------------------    ------------------------------
corsopdb                          CORSOPDB
```

2.3.4 Data Dictionary in un CDB

Ogni container ha un Data Dictionary dedicato. Le viste DBA_ elencano tutti gli oggetti presenti nello specifico PDB a cui si è collegati e non danno visibilità degli oggetti definiti negli altri PDB.

Per evitare un inutile spreco di spazio, i dati di dizionario comuni a tutti i PDB vengono conservati solo in Root. In questo caso ogni PDB ha nel suo dizionario un semplice link ad un record presente nel dizionario di Root. In più, ovviamente, ogni PDB ha nel proprio dizionario i dati reali relativi ai propri oggetti.

Ovviamente ci sono viste di dizionario che consentono di leggere trasversalmente le informazioni relative a più container/PDB. Tra queste troviamo le V$ e GV$, già presenti nelle precedenti versioni di Oracle, e le nuove viste il cui nome comincia per CDB_.

In queste viste la Colonna CON_ID consente di individuare il container in cui lo specifico oggetto si trova.

Quando il container corrente è un PDB, le viste CDB_ possono essere lette ma forniscono informazioni solo relative al PDB sesso. Se il container corrente è Root, invece, le viste CDB_ forniscono informazioni relative al container Root ed a tutti i PDB per cui l'utente che esegue la query ha privilegi d'accesso.

2.4 Utenti e ruoli in un CDB

In un CDB alcuni utenti e/o ruoli possono essere comuni a tutti i PDB contenuti nel CDB stesso, Viceversa altri utenti/ruoli sono locali ad uno specifico PDB.

2.4.1 Utenti comuni o locali

Ogni utente di sistema è comune, un utente applicativo può essere comune o locale.

Un utente comune ha la stessa identità e caratteristiche sia in Root che in tutti i PDB presenti al momento, oppure in futuro, nel CDB.

SYS e SYSTEM sono esempi di utenti comuni di sistema.

Possono essere aggiunti altri utenti comuni nel container Root.

Nell'esempio seguente si è connessi con SYSTEM al container Root e si crea un utente comune:

```
SQL> show con_name

CON_NAME
------------------------------
CDB$ROOT

SQL> create user c##corso identified by corso container=ALL;

Utente creato.
```

Il nome degli utenti comuni (quelli aggiuntivi, non quelli di sistema) deve necessariamente cominciare per c##

Gli utenti comuni non devono necessariamente avere gli stessi privilegi su tutti i container, possono connettersi a tutti i container (incluso Root) per cui hanno il privilegio CREATE SESSION.

Come detto, hanno le medesime identità e caratteristiche in tutti i container ma in ogni container possono avere uno schema differente.

Un utente locale esiste solo all'interno di uno specifico PDB.

```
SQL> alter session set container=CORSOPDB;

Modificata sessione.

SQL> create user corso identified by corso;

Utente creato.
```

Il nome di un utente locale non può cominciare con c##.

Un utente locale può accedere ai dati di un altro PDB esclusivamente mediante un database link.

2.4.2 Ruoli comuni o locali

I ruoli di sistema forniti da Oracle (come PUBLIC o DBA) sono comuni. I ruoli creati dagli utenti possono essere comuni o locali.

Un ruolo comune è definito in Root ed in tutti i PDB.

I ruoli comuni aggiuntivi devono seguire le stesse regole di nomenclatura degli utenti comuni aggiuntivi.

Un ruolo locale esiste solo in uno specifico PDB.

Un ruolo, o un privilegio, può essere assegnato ad un utente per un singolo PDB oppure per tutti i container allo stesso tempo. Ciò si realizza mediante la clausola CONTAINER=CURRENT oppure CONTAINER=ALL, rispettivamente, da apporre alla fine dell'istruzione GRANT.

Nell'esempio seguente, connessi con SYSTEM sul CDB, si concede all'utente comune C##CORSO di poter fare select da qualunque tabella nel CDB ed in tutti i PDB:

```
O12c>GRANT SELECT ANY TABLE to c##corso CONTAINER=ALL;

Concessione riuscita.
```

Successivamente ci si sposta sul PDB denominato CORSOPDB e si concede a C##CORSO di agire da DBA solo nel PDB corrente:

```
O12c>alter session set container=CORSOPDB;

Modificata sessione.

O12c>GRANT DBA to c##corso CONTAINER=CURRENT;

Concessione riuscita.
```

Utenti locali non possono assegnare privilegi per tutti i container, quindi non possono utilizzare la clausola CONTAINER=ALL.

Per default l'istruzione GRANT utilizza la clausola CONTAINER=CURRENT, quindi i privilegi vengono assegnati localmente in un unico container.

2.5 Architettura fisica di un CDB

Dal punto di vista dell'architettura fisica, un CDB ed un non-CDB sono molto simili. L'unica differenza è che, in un CDB, i tablespace (ed i corrispondenti data file) sono partizionati per PDB. Ogni PDB ha i suoi e questi non possono essere condivisi da diversi PDB.

Un CDB contiene:

- Un control file

- Un online redo log composto da più file

- Uno o più temp file

Per default, il CDB ha un unico temporary tablespace (TEMP) condiviso da tutti i PDB. È possibile creare ulteriori temporary tablespace sia in Root (utilizzabili da tutti i PDB) sia nei singoli PDB.

- Un insieme di undo data file

- Un insieme di data file di sistema per ogni singolo container (Root e PDB)

- Altri data file creati per esigenze applicative, dedicati agli specifici PDB.

Il fatto che il data dictionary sia, per ogni PDB, archiviato in data file di sistema specifici di quel PDB consente di ottenere la portabilità veloce del PDB tra diversi CDB.

2.6 Operazioni amministrative in un CDB

2.6.1 Avviare ed arrestare Oracle

Per avviare ed arrestare il CDB si utilizzano come al solito i comandi STARTUP e SHUTDOWN.

A CDB avviato, connessi con un utente DBA, per avviare un PDB si può utilizzare il comando:

```
O12c>ALTER PLUGGABLE DATABASE CORSOPDB OPEN READ WRITE;
Database collegabile modificato.
```

E per fermarlo:

```
O12c> alter pluggable database corsopdb close;
Database collegabile modificato.
```

2.6.2 Connettersi al database

Per connettersi al CDB si procede come in un normale non-CDB. Per collegarsi PDB, invece, è necessario utilizzare il nome del servizio ad esso associato. Il tnsnames.ora, quindi, dovrà essere configurato in questo modo:

```
CORSOPDB =
  (DESCRIPTION =
    (ADDRESS_LIST =
      (ADDRESS = (PROTOCOL = TCP)(HOST = localhost)(PORT = 1521))
    )
    (CONNECT_DATA =
      (UR=A)
      (SERVICE_NAME = corsopdb)
    )
  )
```

La configurazione UR=A indica al listener di accettare le connessioni anche se il db è in restricted mode.

A partire da Oracle 10g il listener, per default, non accetta connessioni se il db è in restricted mode. In tale modalità il dba normalmente si collega direttamente dalla macchina che ospita il db, senza passare dal listener (e quindi senza specificare una stringa di connessione). Se si vuole forzare le connessioni in restricted mode attraverso il listener bisogna aggiungere, appunto, il parametro UR=A nel tnsnames.

In Oracle 12c, in architettura multitenant, abbiamo detto che per connettersi al PDB bisogna sempre utilizzare il nome del servizio e quindi passare dal listener. Di conseguenza, senza il parametro UR=A, diventa praticamente impossibile collegarsi direttamente al PDB quando il CDB è in restricted mode.

Per verificare quanto appena detto avviamo il CDB in modalità RESTRICTED:

```
O12c> startup restrict
Istanza ORACLE avviata.

Total System Global Area 1670221824 bytes
Fixed Size                  2403352 bytes
Variable Size            1006633960 bytes
Database Buffers          654311424 bytes
Redo Buffers                6873088 bytes
MOUNT del database eseguito.
Database aperto.
```

Una volta che il CDB è partito in RESTRICTED MODE anche il PDB può partire solo in questa modalità:

```
O12c> alter pluggable database corsopdb open;
alter pluggable database corsopdb open
                                  *
ERRORE alla riga 1:
ORA-65054: Impossibile aprire il database collegabile nella modalitó
desiderata.

O12c> alter pluggable database corsopdb open restricted;

Database collegabile modificato.
```

A questo punto, nel tnsnames rimuoviamo il parametro UR=A e proviamo a connetterci a corsopdb:

```
O12c> conn corso/corso@corsopdb
ERROR:
ORA-12526: TNS: listener: tutte le istanze appropriate sono in modalitó
limitata
```

Oracle ci avvisa che non si può fare perché tutte le istanze sono aperte in restricted mode e il listener non accetta connessioni.

Adesso aggiungiamo al tnsnames l'opzione UR=A e proviamo di nuovo:

```
O12c> conn corso/corso@corsopdb
Connesso.
```

2.6.3 Unplug e trasferimento di un PDB

La funzionalità principale della multitenant architecture è la possibilità di scollegare (unplug) un PDB da un CDB e ricollegarlo (plug) ad un altro con due banali istruzioni.

Per fare unplug di CORSOPDB si esegue il seguente comando:
```
O12c>alter pluggable database corsopdb
  2  unplug into 'd:\oracle\corsopdb.xml'
  3  ;
alter pluggable database corsopdb
*
ERRORE alla riga 1:
ORA-65025: Il database collegabile CORSOPDB non Þ chiuso in tutte
le istanze.
```

L'errore è dovuto al fatto che prima di scollegare un PDB bisogna chiuderlo:
```
O12c>alter pluggable database corsopdb close;

Database collegabile modificato.

O12c>alter pluggable database corsopdb
  2  unplug into 'd:\oracle\corsopdb.xml';

Database collegabile modificato.
```

Una volta scollegato, il PDB non può essere più aperto:
```
O12c>alter pluggable database corsopdb open read write;
alter pluggable database corsopdb open read write
*
ERRORE alla riga 1:
ORA-65086: impossibile aprire/chiudere il database collegabile
```

Per trasferirlo in un altro CDB bisogna copiare nella destinazione il file xml generato col comando di UNPLUG e tutti i datafile, poi eseguire il comando:

```
create pluggable database corsopdb
using 'd:\oracle\corsopdb.xml' NOCOPY;
```

Nel CDB da cui l'abbiamo scollegato non lo possiamo più utilizzare. Il PDB, infatti, è in stato UNPLUGGED:

```
O12c>select PDB_NAME, STATUS from CDB_PDBS;

PDB_NAME              STATUS
--------------------  ------------
CORSOPDB              UNPLUGGED
PDB$SEED              NORMAL
```

Per ricollegarlo bisogna prima droppare il vecchio PDB:

21

```
O12c>drop pluggable database corsopdb keep datafiles;

Database collegabile eliminato.
```

E poi crearlo nuovamente:
```
O12c>create pluggable database corsopdb
  2  using 'd:\oracle\corsopdb.xml' NOCOPY tempfile reuse;

Database collegabile creato.

O12c>select PDB_NAME, STATUS from CDB_PDBS;

PDB_NAME                STATUS
--------------------    -------------
PDB$SEED                NORMAL
CORSOPDB                NEW
```

Dove la clausola NOCOPY specifica di non copiare i datafile (riutilizziamo quelli precedenti) e la clausola TEMPFILE REUSE indica di riutilizzare anche il file temporaneo (visto che c'è...).

A questo punto si può riaprire:
```
O12c>alter pluggable database corsopdb open read write;

Database collegabile modificato.

O12c>select PDB_NAME, STATUS from CDB_PDBS;

PDB_NAME                STATUS
--------------------    -------------
PDB$SEED                NORMAL
CORSOPDB                NORMAL
```

E tutto è tornato esattamente come prima.

2.6.4 Duplicazione di un PDB

Per duplicare un PDB si può utilizzare la semplicissima istruzione:

```
O12c>create pluggable database CORSOPDB_COPIA from CORSOPDB;
create pluggable database CORSOPDB_COPIA from CORSOPDB
                                                    *
ERRORE alla riga 1:
ORA-65016: Þ necessario specificare FILE_NAME_CONVERT
```

L'errore indica che bisogna specificare come gestire i nomi dei datafile. I datafile presenti in questo momento sono quelli relativi al CDB e quelli relativi a CORSOPDB:

```
O12c>select name from v$datafile;

NAME
-----------------------------------------------------------------
D:\ORACLE\ORADATA\CORSOCDB\SYSTEM01.DBF
D:\ORACLE\ORADATA\CORSOCDB\PDBSEED\SYSTEM01.DBF
```

```
D:\ORACLE\ORADATA\CORSOCDB\SYSAUX01.DBF
D:\ORACLE\ORADATA\CORSOCDB\PDBSEED\SYSAUX01.DBF
D:\ORACLE\ORADATA\CORSOCDB\UNDOTBS01.DBF
D:\ORACLE\ORADATA\CORSOCDB\USERS01.DBF
D:\ORACLE\ORADATA\CORSOCDB\CORSOPDB\SYSTEM01.DBF
D:\ORACLE\ORADATA\CORSOCDB\CORSOPDB\SYSAUX01.DBF
D:\ORACLE\ORADATA\CORSOCDB\CORSOPDB\SAMPLE_SCHEMA_USERS01.DBF
D:\ORACLE\ORADATA\CORSOCDB\CORSOPDB\CORSO01.DBF
D:\ORACLE\ORADATA\CORSOCDB\CORSOPDB\TEST.DBF
```

Bisogna specificare come modificare i nomi dei datafile di CORSOPDB per creare quelli di CORSOPDB_COPIA.

La clausola **FILE_NAME_CONVERT** è molto semplice, prevede l'indicazione di due stringhe. Nei nomi dei datafile Oracle utilizzerà la seconda stringa al posto della prima:

```
O12c>create pluggable database CORSOPDB_COPIA
  2  from CORSOPDB
  3  file_name_convert=('CORSOPDB','CORSOPDB_COPIA');
create pluggable database CORSOPDB_COPIA
*
ERRORE alla riga 1:
ORA-65081: Il database o il database collegabile non Þ aperto in
modalitÓ di
sola lettura
```

L'errore è dovuto al fatto che CORSOPDB deve essere aperto in sola lettura per poterlo copiare:

```
O12c>alter pluggable database corsopdb close;
Database collegabile modificato.

O12c>alter pluggable database corsopdb open read only;
Database collegabile modificato.

O12c>create pluggable database CORSOPDB_COPIA
  2  from CORSOPDB
  3  file_name_convert=('CORSOPDB','CORSOPDB_COPIA');

Database collegabile creato.

O12c>select PDB_NAME, STATUS from CDB_PDBS;

PDB_NAME                STATUS
--------------------   -------------
CORSOPDB_COPIA          NEW
PDB$SEED                NORMAL
CORSOPDB                NORMAL
```

Il nuovo PDB è stato creato, apriamolo e poi guardiamo i nomi dei datafile:

```
O12c>alter pluggable database corsopdb_copia open read write;

Database collegabile modificato.

O12c>select PDB_NAME, STATUS from CDB_PDBS;
```

```
PDB_NAME                  STATUS
------------------        -------------
CORSOPDB_COPIA            NORMAL
PDB$SEED                  NORMAL
CORSOPDB                  NORMAL

O12c>select name from v$datafile;

NAME
----------------------------------------------------------------
D:\ORACLE\ORADATA\CORSOCDB\SYSTEM01.DBF
D:\ORACLE\ORADATA\CORSOCDB\PDBSEED\SYSTEM01.DBF
D:\ORACLE\ORADATA\CORSOCDB\SYSAUX01.DBF
D:\ORACLE\ORADATA\CORSOCDB\PDBSEED\SYSAUX01.DBF
D:\ORACLE\ORADATA\CORSOCDB\UNDOTBS01.DBF
D:\ORACLE\ORADATA\CORSOCDB\USERS01.DBF
D:\ORACLE\ORADATA\CORSOCDB\CORSOPDB\SYSTEM01.DBF
D:\ORACLE\ORADATA\CORSOCDB\CORSOPDB\SYSAUX01.DBF
D:\ORACLE\ORADATA\CORSOCDB\CORSOPDB\SAMPLE_SCHEMA_USERS01.DBF
D:\ORACLE\ORADATA\CORSOCDB\CORSOPDB\CORSO01.DBF
D:\ORACLE\ORADATA\CORSOCDB\CORSOPDB\TEST.DBF
D:\ORACLE\ORADATA\CORSOCDB\CORSOPDB_COPIA\SYSTEM01.DBF
D:\ORACLE\ORADATA\CORSOCDB\CORSOPDB_COPIA\SYSAUX01.DBF
D:\ORACLE\ORADATA\CORSOCDB\CORSOPDB_COPIA\SAMPLE_SCHEMA_USERS01.DB
F
D:\ORACLE\ORADATA\CORSOCDB\CORSOPDB_COPIA\CORSO01.DBF
D:\ORACLE\ORADATA\CORSOCDB\CORSOPDB_COPIA\TEST.DBF

16 righe selezionate.
```

Come si vede, i datafile di CORSOPDB_COPIA hanno gli stessi nomi di quelli di CORSOPDB con l'unica eccezione che la stringa CORSOPDB è stata sostituita da CORSOPDB_COPIA

Le stesse istruzioni possono essere eseguite per copiare il PDB attraverso un database link:

```
O12c>create pluggable database CORSOPDB_LINK
  2     from CORSOPDB@dbl
  3     file_name_convert=('CORSOPDB','CORSOPDB_LINK');
```

2.6.5 PDB Trigger

L'introduzione dei PDB ha fatto sì che siano stati definiti anche nuovi eventi gestibili con db trigger. L'evento AFTER CLONE scatta quando un PDB viene copiato, l'evento BEFORE UNPLUG quando il PDB viene scollegato.

A titolo d'esempio definiamo un database trigger sul PDB CORSOPDB_COPIA che ne impedisca lo scollegamento tra le 23 e le 23.59.59. Connettiamoci con SYSTEM al CDB:

```
O12c>conn system/corso
Connesso.

O12c>show con_name
```

```
CON_NAME
------------------------------
CDB$ROOT
```

E verifichiamo quali PDB sono disponibili:

```
O12c>select pdb_name, status from cdb_pdbs;

PDB_NAME                              STATUS
------------------------------        -------------
CORSOPDB_COPIA                        NORMAL
PDB$SEED                              NORMAL
CORSOPDB                              NORMAL
```

Apriamo CORSOPDB_COPIA e connettiamoci ad esso (ricordiamo che bisogna definire la connessione nel TNSNAMES.ORA prima):

```
O12c>alter pluggable database CORSOPDB_COPIA open read write;

Database collegabile modificato.

O12c>conn system/corso@CORSOPDB_COPIA
Connesso.
```

Poi definiamo il trigger.

```
O12c>create trigger no_unplug_time
  2   before unplug on pluggable database
  3   begin
  4     if to_char(sysdate,'HH24')='23' then
  5         raise_application_error(-20001,
  6         'Unplug non ammesso dalle 23 alle 23.59');
  7     end if;
  8   end;
  9   /
Trigger creato.
```

Se l'ora della SYSDATE è 23, il trigger solleva un errore, di conseguenza andrà in errore l'operazione che lo ha scatenato ed il comando di UNPLUG fallirà:

```
O12c>conn sys as sysdba
Immettere la password:
Connesso.

O12c>alter pluggable database corsopdb_copia close;

Database collegabile modificato.

O12c>alter pluggable database corsopdb_copia
  2   unplug into 'd:\oracle\corsopdb_copia.xml';
alter pluggable database corsopdb_copia
*
ERRORE alla riga 1:
ORA-00604: errore riscontrato in SQL ricorsivo livello 1
ORA-20001: Unplug non ammesso dalle 23 alle 23.59
ORA-06512: a line 3
```

```
O12c>select pdb_name, status from cdb_pdbs;

PDB_NAME                       STATUS
------------------------------ -------------
CORSOPDB_COPIA                 NORMAL
PDB$SEED                       NORMAL
CORSOPDB                       NORMAL
```

Allo stesso modo possiamo prevenire la copia del PDB CORSOPDB_COPIA. Ci colleghiamo al CDB ed apriamo il PDB:

```
O12c>alter pluggable database corsopdb_copia open read write;

Database collegabile modificato.
```

Ci colleghiamo al PDB e creiamo il trigger:

```
O12c>conn system/corso@corsopdb_copia
Connesso.
O12c>create trigger no_copy
  2    AFTER CLONE on pluggable database
  3    begin
  4      raise_application_error(-20001,
  5      'Questo PDB non può essere copiato!!!');
  6    end;
  7  /

Trigger creato.
```

Il trigger manderà in errore qualunque tentativo di copia:

```
O12c>conn sys as sysdba
Immettere la password:
Connesso.

O12c>alter pluggable database corsopdb_copia close;

Database collegabile modificato.

O12c>alter pluggable database corsopdb_copia open read only;

Database collegabile modificato.

O12c>create pluggable database CORSOPDB_COPIA2
  2  from CORSOPDB_COPIA
  3  file_name_convert=('CORSOPDB_COPIA','CORSOPDB_COPIA2');
create pluggable database CORSOPDB_COPIA2
*
ERRORE alla riga 1:
ORA-00604: errore riscontrato in SQL ricorsivo livello 1
ORA-20001: Questo PDB non può essere copiato!!!
ORA-06512: a line 2
```

Il problema è che, poiché l'evento è un AFTER CLONE, esso scatta solo dopo che la copia è stata effettuata. Di conseguenza il PDB CORSOPDB_COPIA2 esiste ma è inutilizzabile:

```
O12c>select pdb_name, status from cdb_pdbs;

PDB_NAME                       STATUS
------------------------------ -------------
CORSOPDB_COPIA                 NORMAL
PDB$SEED                       NORMAL
CORSOPDB                       NORMAL
CORSOPDB_COPIA2                UNUSABLE
```

E sul filesystem sono stati creati i relativi data file e temp file:

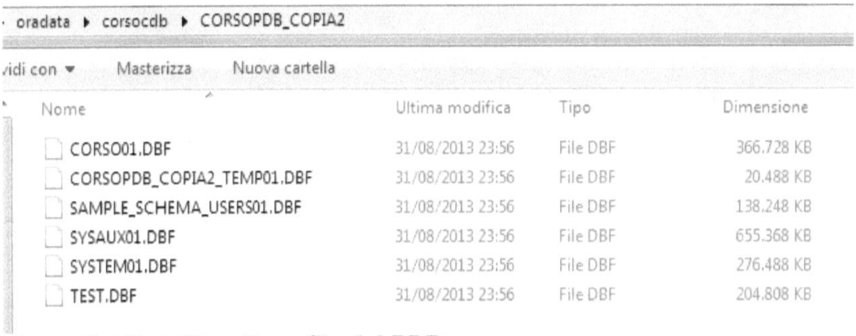
oradata ▸ corsocdb ▸ CORSOPDB_COPIA2
Masterizza
Nuova cartella
Nome
Ultima modifica
Tipo
Dimensione
CORSO01.DBF 31/08/2013 23:56 File DBF 366.728 KB
CORSOPDB_COPIA2_TEMP01.DBF 31/08/2013 23:56 File DBF 20.488 KB
SAMPLE_SCHEMA_USERS01.DBF 31/08/2013 23:56 File DBF 138.248 KB
SYSAUX01.DBF 31/08/2013 23:56 File DBF 655.368 KB
SYSTEM01.DBF 31/08/2013 23:56 File DBF 276.488 KB
TEST.DBF 31/08/2013 23:56 File DBF 204.808 KB

Figura 2-1 Datafile e Tempfile del PDB

3 Amministrazione del DB

In questo capitolo sono raccolte tutte le principali novità che riguardano specificamente l'amministrazione del database.

3.1 Enterprise Manager Database Express

L'Enterprise Manager Database Express 12c (EM Express) è un'applicazione web che consente di eseguire le principali attività di amministrazione e monitoraggio del database. Per accedere all'applicazione web è sufficiente utilizzare la URL che viene mostrata durante l'installazione del db. La URL ha questa forma

https://<hostname>:<porta>/em

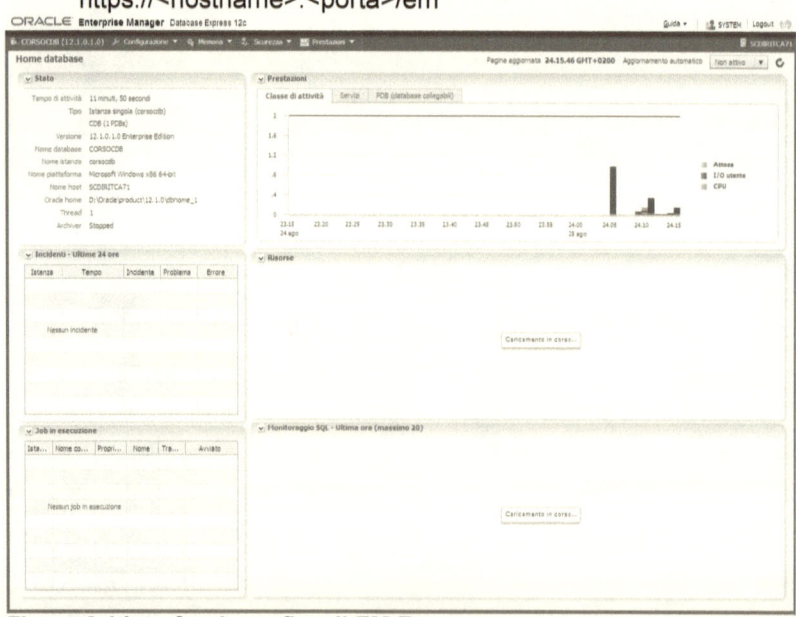

Figura 3-1 Interfaccia grafica di EM Express

Se si vogliono conoscere le porte successivamente all'installazione è sufficiente, da SQL*Plus eseguire le seguenti query

```
SQL> select dbms_xdb.getHttpPort() from dual;

DBMS_XDB.GETHTTPPORT()
----------------------
                     0

SQL> select dbms_xdb_config.getHttpsPort() from dual;

DBMS_XDB_CONFIG.GETHTTPSPORT()
------------------------------
                          5500
```

Quindi nel caso specifico l'applicazione è configurata per girare solo in HTTPS sulla porta 5500.

L'applicazione è molto leggera e non richiede alcuna configurazione particolare. La differenza principale con la versione classica dell'Enterprise Manager è che EM Express gira interamente nel database, non richiede alcun processo esterno. Questo da una parte diminuisce le risorse consumate per farla girare, dall'altra vincola l'applicazione alla disponibilità del db. Se il db non è in stato OPEN, l'EM Express non funziona.

Al login bisogna fornire un'utenza di database, le utenze possono essere profilate a due livelli: sola lettura oppure lettura e modifica.

Per concedere l'accesso di sola lettura ad un utente basta dargli la GRANT sul ruolo EM_EXPRESS_BASIC:

```
SQL> grant EM_EXPRESS_BASIC to corso;
```

Per l'accesso in lettura e modifica, invece, il ruolo da concedere è EM_EXPRESS_ALL:

```
SQL> grant EM_EXPRESS_ALL to corso;
```

Se è stata attivata l'architettura multitenant L'EM Express può essere utilizzata sia sul CDB che sui singoli PDB. Per far ciò è sufficiente configurare differenti porte http/https. Se EM Express è connessa ad un CDB, mostra informazioni per l'intero database, inclusi tutti i PDB.

Alcune delle funzionalità dell'EM Express richiedono che siano state attivate le opzioni Diagnostics Pack e Tuning Pack, tali funzionalità, di conseguenza, non possono essere disponibili se il db è una Standard Edition oppure un Oracle XE.

L'interfaccia grafica è abbastanza semplice e consente semplici task d'amministrazione ma soprattutto di monitoraggio del db. Le due funzionalità principali sono:

3.1.1 Database Performance Hub

Il Performance Hub è una vista consolidata di tutte le informazioni sulle performance del sistema in una determinata finestra temporale. Le informazioni visualizzate riguardano sia i dati storici che quelli in tempo reale. I dati sono suddivisi in sette tab:

Summary – Dà un quadro riepilogativo dei consumi di risorse (CPU, I/O and Memory), e delle sessioni attive in media.

Activity – Fornisce informazioni analitiche sulle sessioni che sono state o sono attive sul database.

Workload – Fornisce informazioni quantitative sul carico di lavoro a cui il database è stato soggetto.

RAC – Informazioni specifiche sul carico di lavoro gestito dal cluster (disponibile ovviamente solo se il db è un RAC).

Monitored SQL – Informazioni sull'esecuzione di comandi SQL e PL/SQL.

ADDM – Consente di accedere ai report prodotti da Automatic Database Diagnostic Monitor, tool disponibile già nelle precedenti versioni di Oracle.

Current ADDM Findings – Solo in modalità realtime, questa visualizzazione fornisce una sintesi delle performance di sistema negli ultimi 5 minuti.

3.1.2 Composite Active Report

Un Composite Active Report è un file HTML che include un insieme navigabile di report accessibili anche in assenza di una connessione al database.

3.2 *CloneDB*

Spesso è necessario clonare un database di produzione per realizzare un ambiente di test con dati reali o per altri motivi.

Un CloneDB è un database-clone che può essere ottenuto in maniera veloce dal backup di un db di produzione.

CloneDB consente di clonare un database più volte senza copiare i datafile da una parte all'altra. Oracle fa uso della tecnologia copy-on-write. Questa tecnologia scrive sul disco solo i blocchi effettivamente modificati rispetto ai datafile da cui si è partiti per la creazione del clone. Come base per il clone, come accennato, non vengono utilizzati gli effettivi datafile di produzione, bensì una copia di backup, in modo da non creare contese nell'utilizzo delle risorse tra il db di produzione ed il db clonato.

Questa tecnologia diminuisce drasticamente sia i tempi di realizzazione dei cloni che lo storage richiesto

Si può clonare sia un non-CDB, che un qualunque PDB in un'architettura multitenant.

Tecnicamente cloneDB non è una novità di Oracle 12c. È incluso in questo elenco perché non presente nel primo rilascio della 11gR2, ma solo nel pachset 11.2.0.2, e quindi possiamo considerarlo tra le novità della 12c.

3.3 Spostare o rinominare un datafile online

Fino alla versione precedente di Oracle, per rinominare o spostare un datafile era necessario mettere offline il datafile oppure fare una rename a db chiuso.

In Oracle 12c il comando ALTER DATABASE è stato arricchito di una nuova clausola: ALTER DATABASE MOVE DATAFILE.

Questa clausola consente di spostare (o rinominare) un datafile online, senza alcuna interruzione per l'operatività del db.

Il comando è molto semplice. Colleghiamoci come SYS al PDB:

```
O12c>conn sys@corsopdb as sysdba
Immettere la password:
Connesso.
```

Leggiamo l'elenco dei datafile:

```
O12c>select name from v$datafile;

NAME
--------------------------------------------------------------
D:\ORACLE\ORADATA\CORSOCDB\UNDOTBS01.DBF
D:\ORACLE\ORADATA\CORSOCDB\CORSOPDB\SYSTEM01.DBF
D:\ORACLE\ORADATA\CORSOCDB\CORSOPDB\SYSAUX01.DBF
D:\ORACLE\ORADATA\CORSOCDB\CORSOPDB\SAMPLE_SCHEMA_USERS01.DBF
D:\ORACLE\ORADATA\CORSOCDB\CORSOPDB\EXAMPLE01.DBF
```

E cerchiamo di rinominare EXAMPLE01.DBF in CORSO01.DBF

```
O12c>alter database move datafile
  2  'D:\ORACLE\ORADATA\CORSOCDB\CORSOPDB\EXAMPLE01.DBF' to
  3  'D:\ORACLE\ORADATA\CORSOCDB\CORSOPDB\CORSO01.DBF';
Modificato database.

O12c>select name from v$datafile;

NAME
--------------------------------------------------------------
D:\ORACLE\ORADATA\CORSOCDB\UNDOTBS01.DBF
D:\ORACLE\ORADATA\CORSOCDB\CORSOPDB\SYSTEM01.DBF
```

```
D:\ORACLE\ORADATA\CORSOCDB\CORSOPDB\SYSAUX01.DBF
D:\ORACLE\ORADATA\CORSOCDB\CORSOPDB\SAMPLE_SCHEMA_USERS01.DBF
D:\ORACLE\ORADATA\CORSOCDB\CORSOPDB\CORSO01.DBF
```

3.4 PGA_AGGREGATE_LIMIT

Il nuovo parametro PGA_AGGREGATE_LIMIT consente di limitare il quantitativo totale di PGA che può essere allocato da un'istanza.

Questo nuovo parametro è molto importante perché consente al DBA di pianificare al meglio il consumo di memoria e quindi evitare, o almeno ridurre sensibilmente, il paging della memoria che, se fuori controllo, ha molti effetti collaterali che possono rendere instabile il sistema.

Per default PGA_AGGREGATE_LIMIT è impostato al maggiore dei tre seguenti valori:

- 2 GB,
- 200% del parametro PGA_AGGREGATE_TARGET,
- 3 MB moltiplicato per il valore del parametro PROCESSES.

Non può essere superiore al 120% della memoria fisica disponibile meno la dimensione della SGA.

PGA_AGGREGATE_LIMIT non può essere impostato ad un valore più basso rispetto al default. Impostandolo a zero si intende che non si impone alcun limite alla PGA.

Quando la PGA allocata eccede il parametro, Oracle intraprende le seguenti azioni:

- Le query parallele vengono trattate come non parallele.
- Le sessioni che stanno utilizzando più PGA non possono più effettuare altre chiamate.
- Se neanche questo è sufficiente a rientrare nel limite, le sessioni che utilizzano più PGA vengono terminate.

3.5 Data Pump

3.5.1 Export/Import in modalità Full Transportable.

La combinazione di parametri

```
FULL=Y TRANSPORTABLE=ALWAYS
```

del Datapump consente di abilitare la modalità "Full transportable". Questa modalità può essere utilizzata per realizzare le seguenti attività di export/import sull'architettura multitenant:

- Esportare un non-CDB ed importarlo come PDB in un CDB.
- Esportare un PDB ed importarlo come PDB in un diverso CDB, anche tra diverse versioni di Oracle oppure tra diversi sistemi operativi.
- Esportare un PDB ed importarlo come non-CDB.

In modalità "Full transportable" il tempo necessario all'import è ridotto perché i dati presenti in tabella non vengono scaricati e ricaricati e gli indici non devono essere ricostruiti. È sostanzialmente un modo molto più semplice di utilizzare la migrazione mediante "Transportable tablespace" già presente nelle precedenti versioni di Oracle ma limitata da una discreta complessità d'utilizzo.

3.5.2 Il parametro LOGTIME.

Questo nuovo parametro consente all'utilizzatore di Data Pump di visualizzare un timestamp accanto ai messaggi di output che si verificano durante le operazioni di import/export.

I valori validi del parametro sono:

- NONE – nessun timestamp visualizzato, è il default
- STATUS - timestamp visualizzati solo sui messaggi di stato
- LOGTIME - timestamp visualizzati solo nel file di log
- ALL – timestamp visualizzati sia sui messaggi di stato che nel file di log

Il vantaggio di questo parametro è evidente, ci consente a posteriori di valutare dettagliatamente il tempo di esecuzione dei singoli step di export/import.

Per fare un esempio, innanzitutto creiamo un oggetto directory da Sql*plus

```
O12c>create or replace directory dpdir as 'd:\oracle';
Creata directory.
```

Poi da command lanciamo un export utilizzando logtime=all:

```
D:\Oracle>expdp corso/corso@corsopdb directory=dpdir
dumpfile=test_time.dmp logtime=all

Export: Release 12.1.0.1.0 - Production on Sab Set 7 14:37:05 2013
```

```
Copyright (c) 1982, 2013, Oracle and/or its affiliates.  All
rights reserved.

Connesso a: Oracle Database 12c Enterprise Edition Release
12.1.0.1.0 - 64bit Production
With the Partitioning, OLAP, Advanced Analytics, Real Application
Testing
and Unified Auditing options
07-SET-13 14:37:21.962: Avvio di "CORSO"."SYS_EXPORT_SCHEMA_01":
corso/********@corsopdb directory=dpdir dumpfile=test_time.dmp
logtime=all
07-SET-13 14:37:23.357: Stima in corso con il metodo BLOCKS...
07-SET-13 14:37:29.602: Elaborazione dell'object type
SCHEMA_EXPORT/TABLE/TABLE_DATA
07-SET-13 14:37:30.419: Stima totale con il metodo BLOCKS: 142.5
MB
07-SET-13 14:37:31.316: Elaborazione dell'object type
SCHEMA_EXPORT/USER
07-SET-13 14:37:31.929: Elaborazione dell'object type
SCHEMA_EXPORT/SYSTEM_GRANT
07-SET-13 14:37:32.024: Elaborazione dell'object type
SCHEMA_EXPORT/ROLE_GRANT
07-SET-13 14:37:32.081: Elaborazione dell'object type
SCHEMA_EXPORT/DEFAULT_ROLE
… etc, etc…
```

Come si vede, per ogni riga di output è stato indicato il relativo timestamp.

3.5.3 Audit

Per aumentare la Sicurezza, in Oracle 12c anche i comandi Data Pump possono essere sottoposti ad audit.

Il commando CREATE AUDIT POLICY supporta la clausola COMPONENT=DATAPUMP che può essere impostata ai valori EXPORT, IMPORT oppure ALL per definire quali attività si intendono sottoporre ad audit.

Lo Unified Audit sarà trattato con maggior dettaglio nel paragrafo 7.3.

3.5.4 Esportare una vista come tabella

In fase di export con Data Pump è possibile indicare che una vista deve essere esportata come tabella. Ciò significa che Oracle esporterà i dati estraibili attraverso la vista e non solo la sua definizione come normalmente accade. In fase di import, ovviamente, sarà creata una tabella sul db di destinazione anziché una vista.

Per esportare una view v1 come tabella t1 e la vista v2 come tabella t2 è sufficiente aggiungere al commando expdp il parametro VIEWS_AS_TABLES=v1,v2.

Ad esempio creiamo la vista TEST_V come segue:

```
O12c>create table test_t
  2  (a number, b varchar2(30));

Tabella creata.

O12c>insert into test_t values (1,'valore 1');

Creata 1 riga.

O12c>create view test_v as select * from test_t;

Vista creata.

O12c>select * from test_v;

         A B
---------- ------------------------------
         1 Valore 1

O12c>desc test_v
 Nome                          Nullo?   Tipo
 ----------------------------- -------- -------------------
 A                                      NUMBER
 B                                      VARCHAR2(30)

O12c>select object_type from user_objects
  2  where object_name='TEST_V';

OBJECT_TYPE
-----------------------
VIEW
```

Ed esportiamola sotto forma di tabella utilizzando EXPDP:

```
D:\Oracle>expdp corso/corso@corsopdb directory=dpdir
dumpfile=test_vat.dmp views_as_tables=test_v

Export: Release 12.1.0.1.0 - Production on Dom Ago 25 01:06:46
2013

Copyright (c) 1982, 2013, Oracle and/or its affiliates.  All
rights reserved.

Connesso a: Oracle Database 12c Enterprise Edition Release
12.1.0.1.0 - 64bit Production
With the Partitioning, OLAP, Advanced Analytics and Real
Application Testing options
Avvio di "CORSO"."SYS_EXPORT_TABLE_01":  corso/********@corsopdb
directory=dpdir dumpfile=test_vat.dmp views_as_tables=test_v
Stima in corso con il metodo BLOCKS...
Elaborazione dell'object type
TABLE_EXPORT/VIEWS_AS_TABLES/TABLE_DATA
Stima totale con il metodo BLOCKS: 16 KB
Elaborazione dell'object type TABLE_EXPORT/VIEWS_AS_TABLES/TABLE
. . esportate "CORSO"."TEST_V"              5.476 KB       1 righe
```

```
Caricamento/Scaricamento della tabella principale
"CORSO"."SYS_EXPORT_TABLE_01" completato
******************************************************************
File di dump impostato per CORSO.SYS_EXPORT_TABLE_01 is:
  D:\ORACLE\TEST_VAT.DMP
Job "CORSO"."SYS_EXPORT_TABLE_01" completato in Dom Ago 25
01:06:52 2013 elapsed 0 00:00:06
```

A questo punto droppiamo la vista

```
O12c>drop view test_v;

Vista eliminata.
```

Ed importiamo il file appena esportato:

```
D:\Oracle>impdp corso/corso@corsopdb directory=dpdir
dumpfile=test_vat.dmp

Import: Release 12.1.0.1.0 - Production on Dom Ago 25 01:12:15
2013

Copyright (c) 1982, 2013, Oracle and/or its affiliates.  All
rights reserved.

Connesso a: Oracle Database 12c Enterprise Edition Release
12.1.0.1.0 - 64bit Production
With the Partitioning, OLAP, Advanced Analytics and Real
Application Testing options
Caricamento/Scaricamento della tabella principale
"CORSO"."SYS_IMPORT_FULL_01" completato
Avvio di "CORSO"."SYS_IMPORT_FULL_01":  corso/********@corsopdb
directory=dpdir dumpfile=test_vat.dmp
Elaborazione dell'object type TABLE_EXPORT/VIEWS_AS_TABLES/TABLE
Elaborazione dell'object type
TABLE_EXPORT/VIEWS_AS_TABLES/TABLE_DATA
. . importate "CORSO"."TEST_V"              5.476 KB       1 righe
Job "CORSO"."SYS_IMPORT_FULL_01" completato in Dom Ago 25 01:12:17
2013 elapsed 0 00:00:01
```

La vista TEST_V si è magicamente trasformata in tabella:

```
O12c>select object_type from user_objects
  2  where object_name='TEST_V';

OBJECT_TYPE
-----------------------
TABLE

O12c>select * from TEST_V;

         A B
---------- ------------------------------
         1 Valore 1
```

3.5.5 Modifica del tipo di compressione

L'import Data Pump è stato migliorato con l'aggiunta dell'opzione di modificare il tipo di compressione di una tabella. La funzionalità è particolarmente utile per migrazioni verso Exadata che mette a disposizione diverse opzioni per la compressione delle tabelle.

Per cambiare il tipo di compressione in fase di import è necessario utilizzare il parametro

TRANSFORM=TABLE_COMPRESSION_CLAUSE:<valore>

del comando impdp. I valori di compressione ammessi sono NONE (nessuna modifica alla clausola di compressione rispetto a quanto specificato nell'export) oppure uno dei valori di compressione validi per il db di destinazione.

3.5.6 Import no Logging

Un'altra nuova opzione del parametro TRANSFORM in fase di import è DISABLE_ARCHIVE_LOGGING. Quando la si utilizza, Oracle disabilita la scrittura dei redo log file durante l'import dei dati in tabella e la ricostruzione degli indici.

A fine import, ovviamente, sarà importante fare un backup visto che, in assenza dei redo log file, non sarà più possibile il recovery da stati precedenti all'import.

3.5.7 Parametro ENCRYPTION_PWD_PROMPT

Aggiungendo questo parametro al comando di import o export Data Pump si definisce in quale modalità Data Pump riceve la password di cifratura dei file di import/export.

Se ENCRYPTION_PWD_PROMPT=Y Data Pump deve richiedere la password in modalità interattiva (e nascosta) all'operatore, se ENCRYPTION_PWD_PROMPT=N la password viene letta (in chiaro) sulla linea di comando.

L'utilizzo del valore Y evita di rendere le password rinvenibili mediante History dei comandi sul sistema operativo oppure leggendo il contenuto di uno script.

```
D:\Oracle>expdp corso@corsopdb directory=dpdir
dumpfile=test_encpw.dmp tables=test_t encryption_pwd_prompt=Y

Export: Release 12.1.0.1.0 - Production on Sab Set 7 14:47:08 2013

Copyright (c) 1982, 2013, Oracle and/or its affiliates.  All
rights reserved.
Password:

Connesso a: Oracle Database 12c Enterprise Edition Release
12.1.0.1.0 - 64bit Production
With the Partitioning, OLAP, Advanced Analytics, Real Application
Testing
and Unified Auditing options
```

```
Password cifratura:
Avvio di "CORSO"."SYS_EXPORT_TABLE_01":  corso/********@corsopdb
directory=dpdir dumpfile=test_encpw.dmp tables=test_t
encryption_pwd_prompt=Y
Stima in corso con il metodo BLOCKS...
Elaborazione dell'object type TABLE_EXPORT/TABLE/TABLE_DATA
Stima totale con il metodo BLOCKS: 64 KB
Elaborazione dell'object type TABLE_EXPORT/TABLE/TABLE
Elaborazione dell'object type TABLE_EXPORT/TABLE/IDENTITY_COLUMN
Elaborazione dell'object type
TABLE_EXPORT/TABLE/STATISTICS/TABLE_STATISTICS
Elaborazione dell'object type TABLE_EXPORT/TABLE/STATISTICS/MARKER
. . esportate "CORSO"."TEST_T"                              5.460 KB
1 righe
Caricamento/Scaricamento della tabella principale
"CORSO"."SYS_EXPORT_TABLE_01" completato
******************************************************************
************
File di dump impostato per CORSO.SYS_EXPORT_TABLE_01 is:
  D:\ORACLE\TEST_ENCPW2.DMP
Job "CORSO"."SYS_EXPORT_TABLE_01" completato in Sab Set 7 14:47:48
2013 elapsed 0 00:00:36
```

3.6   SQL Loader

3.6.1   Abilitazione di dNFS

Le external tables e SQL*Loader condividono i driver di caricamento dei dati. Per gestire in maniera ottimizzata l'accesso a dati posti su un Network File Storage (NFS) viene per default utilizzato Oracle Direct NFS (dNFS), già presente in Oracle 11g. Nella 12c è stato aggiunto un parametro che indica ad Oracle se utilizzare, oppure no, dNFS.

Per impostare questo parametro, in SQL*Loader si utilizza il comando DNFS_ENABLE con i valori TRUE o FALSE, nelle external table i parametri DNFS_ENABLE oppure DNFS_DISABLE.

3.6.2   Audit

Come per il Data Pump, anche SQL*Loader è stato messo tra le opzioni di auditing del database in modo da aumentare il livello di Sicurezza del db.

Il commando CREATE AUDIT POLICY supporta la clausola COMPONENT=DIRECT_LOAD che può essere impostata al valore LOAD per indicare che i caricamenti fatti con SQL*Loader in modalità direct=true devono essere sottoposti ad audit.

Lo Unified Audit sarà trattato con maggior dettaglio nel paragrafo 7.3.

3.6.3 Express Mode

SQL*Loader ha una nuova modalità di utilizzo che consente all'utente di non create un control file. L'utente può limitarsi a specificare direttamente a linea di commando le principali opzioni di caricamento dei dati che precedentemente dovevano essere indicate obbligatoriamente in un file di controllo.

Per agevolare l'utente, richiedendogli la digitazione di un numero minimo di parametri, SQL*Loader utilizza tutta una serie di comportamenti predefiniti. Gli unici parametri indispensabili sono l'utente Oracle da utilizzare ed il nome della tabella da caricare.

Per un test utilizzeremo la tabella TEST_T già creata per un esempio precedente:

```
O12c>select * from test_t;

        A B
---------- --------------------
         1 valore 1
```

Ed il file test_t.dat collocato in D:\Oracle:

```
D:\Oracle>more test_t.dat
2, valore 2
3, valore 3
4, valore 4
```

Carichiamo i dati:

```
D:\Oracle>sqlldr corso/corso@corsopdb table=test_t

SQL*Loader: Release 12.1.0.1.0 - Production on Sab Set 7 15:01:48 2013

Copyright (c) 1982, 2013, Oracle and/or its affiliates.  All rights reserved.

Caricamento modalitó espressione, tabella: TEST_T
Percorso usato:     Tabella esterna, DEGREE_OF_PARALLELISM=AUTO

Tabella TEST_T:
  caricamento riuscito di 3 Righe.

Controllare i file di log
  test_t.log
  test_t_%p.log_xt
per ulteriori informazioni sul caricamento.
```

E' sufficiente indicare solo il nome della tabella e l'utente Oracle, tutto il resto è default:

```
O12c>select * from test_t;

        A B
---------- --------------------
         1 valore 1
         2 valore 2
```

```
     3 valore 3
     4 valore 4
```

3.7 Il package DBMS_QOPATCH

Il package DBMS_QOPATCH consente di accedere da SQL*Plus o da qualunque tipo di programma che possa fare uso di SQL o PL/SQL all'elenco delle patch installate.

Il package fornisce una serie di funzioni GET che restituiscono, sempre in formato XML, svariate informazioni sulle patch installate. In particolare la funzione GET_OPATCH_LIST, che non richiede parametri in input, restituisce l'elenco completo delle patch:

```
SQL> Select dbms_qopatch.get_opatch_list from dual;

GET_OPATCH_LIST
-----------------------------------------------------------
<patches/>
```

Nel caso specifico l'elemento patches è vuoto perché su questo sistema non sono state installate patch.

3.8 RMAN

3.8.1 Uso diretto dell'SQL da RMAN

Fino alla versione precedente del database non era possibile eseguire query da RMAN e, più in generale, era possibile solo eseguire un'istruzione SQL o PL/SQL mediante il comando SQL, passando in input un comando sql valido tra apici.

Nella nuova versione di RMAN, invece, è possibile direttamente eseguire SELECT, comandi SQL e PL/SQL come se si fosse in SQL*Plus. Anche il comando DESCRIBE è stato implementato per consentire la visualizzazione della struttura di una tabella o di un altro oggetto del DB.

```
D:\Oracle>rman target sys@corsopdb

Recovery Manager : Release 12.1.0.1.0 - Production on Dom Ago 25
01:20:55 2013

Copyright (c) 1982, 2013, Oracle and/or its affiliates.  All
rights reserved.

Password del database di destinazione:
connesso al database di destinazione: CORSOCDB (DBID=4204867631)

RMAN> select sysdate from dual;
```

```
uso del control file del database di destinazione invece del
recovery catalog
SYSDATE
---------
25-AGO-13


RMAN> desc dba_tables

 Nome                              Nullo?   Tipo
 -------------------------------   --------  --------------------
 OWNER                             NOT NULL VARCHAR2(128)
 TABLE_NAME                        NOT NULL VARCHAR2(128)
 TABLESPACE_NAME                            VARCHAR2(30)
 CLUSTER_NAME                               VARCHAR2(128)
 IOT_NAME                                   VARCHAR2(128)
 STATUS                                     VARCHAR2(8)
 PCT_FREE                                   NUMBER
 PCT_USED                                   NUMBER
 INI_TRANS                                  NUMBER
 MAX_TRANS                                  NUMBER
 INITIAL_EXTENT                             NUMBER
 NEXT_EXTENT                                NUMBER
 MIN_EXTENTS                                NUMBER
 MAX_EXTENTS                                NUMBER
 PCT_INCREASE                               NUMBER
 FREELISTS                                  NUMBER
 FREELIST_GROUPS                            NUMBER
 LOGGING                                    VARCHAR2(3)
 BACKED_UP                                  VARCHAR2(1)
 NUM_ROWS                                   NUMBER
 BLOCKS                                     NUMBER
 EMPTY_BLOCKS                               NUMBER
 AVG_SPACE                                  NUMBER
 CHAIN_CNT                                  NUMBER
 AVG_ROW_LEN                                NUMBER
 AVG_SPACE_FREELIST_BLOCKS                  NUMBER
 NUM_FREELIST_BLOCKS                        NUMBER
 DEGREE                                     VARCHAR2(10)
 INSTANCES                                  VARCHAR2(10)
 CACHE                                      VARCHAR2(5)
 TABLE_LOCK                                 VARCHAR2(8)
 SAMPLE_SIZE                                NUMBER
 LAST_ANALYZED                              DATE
 PARTITIONED                                VARCHAR2(3)
 IOT_TYPE                                   VARCHAR2(12)
 TEMPORARY                                  VARCHAR2(1)
 SECONDARY                                  VARCHAR2(1)
 NESTED                                     VARCHAR2(3)
 BUFFER_POOL                                VARCHAR2(7)
 FLASH_CACHE                                VARCHAR2(7)
 CELL_FLASH_CACHE                           VARCHAR2(7)
 ROW_MOVEMENT                               VARCHAR2(8)
 GLOBAL_STATS                               VARCHAR2(3)
 USER_STATS                                 VARCHAR2(3)
 DURATION                                   VARCHAR2(15)
 SKIP_CORRUPT                               VARCHAR2(8)
 MONITORING                                 VARCHAR2(3)
 CLUSTER_OWNER                              VARCHAR2(128)
```

```
DEPENDENCIES                     VARCHAR2(8)
COMPRESSION                      VARCHAR2(8)
COMPRESS_FOR                     VARCHAR2(30)
DROPPED                          VARCHAR2(3)
READ_ONLY                        VARCHAR2(3)
SEGMENT_CREATED                  VARCHAR2(3)
RESULT_CACHE                     VARCHAR2(7)
CLUSTERING                       VARCHAR2(3)
ACTIVITY_TRACKING                VARCHAR2(23)
DML_TIMESTAMP                    VARCHAR2(25)
HAS_IDENTITY                     VARCHAR2(3)
CONTAINER_DATA                   VARCHAR2(3)
```

3.8.2 Table-Level Recovery

Da RMAN è possibile, in Oracle 12c, eseguire il restore e recovery di una specifica tabella.

Quest'opzione riduce il tempo e lo spazio disco necessari per eseguire l'operazione. Precedentemente, infatti, era necessario eseguire manualmente restore e recovery dell'intero tablespace su una differente location, poi esportare le tabelle necessarie e reimportarle nel db target.

In Oracle 12c è sufficiente utilizzare il seguente comando da RMAN:

```
RMAN> recover table corso.test_default
2> until time 'sysdate-1'
3> auxiliary destination 'd:\oracle\temp'
4> datapump destination 'd:\oracle\dpdest'
5> dump file 'test.dat';

Avvio di recover in 25-AGO-13
RMAN-00571: ===========================================================
RMAN-00569: =========== ERROR MESSAGE STACK FOLLOWS ===============
RMAN-00571: ===========================================================
RMAN-03002: errore del comando recover in 08/25/2013 01:28:05
RMAN-07536: comando non consentito quando si Þ connessi a un
database collegabile
```

Il comando, come si vede, non può essere eseguito su un PDB, ma possiamo lo stesso spiegarne il funzionamento:

L'AUXILIARY DESTINATION è una location temporanea dove Oracle crea un database temporaneo utilizzato per eseguire il recovery.

Dopo il recovery del database ausiliario, RMAN utilizza Data Pump per esportare gli oggetti di interesse ed (eventualmente) importarli nel database target. Per indirizzare questa fase utilizzando le location più opportune si utilizzano i parametri DATAPUMP DESTINATION e DUMP FILE.

Per default RMAN importa gli oggetti scelti nel database target, se non si desidera che questo import avvenga, magari perché si vogliono prima eseguire dei controlli sui dati recoverati, si può aggiungere al comando il parametro NOTABLEIMPORT.

3.8.3 Backup, Restore e Recovery di un PDB

RMAN può eseguire il backup dell'intero CDB e/o di specifici PDB ad un point-in-time specifico.

È possibile connettersi direttamente al PDB con RMAN ed eseguire i comandi classici

BACKUP DATABASE

RECOVER DATABASE

RESTORE DATABASE

Oppure connettersi con RMAN al CDB ed utilizzare I nuovi comandi:

```
RMAN> BACKUP PLUGGABLE DATABASE corsopdb...
```

```
RMAN> RECOVER PLUGGABLE DATABASE corsopdb...
```

```
RMAN> RESTORE PLUGGABLE DATABASE corsopdb...
```

3.9 XML DB obbligatorio

Il database XML (Oracle XML DB) a partire dalla versione 12c è un componente obbligatorio, non può essere disinstallato e non c'è alcuna opzione che consenta di non includerlo quando si crea un nuovo database.

4 Oggetti del DB

4.1 Il dizionario dati

Il dizionario dati è cambiato radicalmente per consentire la realizzazione dell'architettura multitenant.

Fino ad Oracle11g il dizionario dati era monolitico, includeva metadati sia degli oggetti di sistema, sia di tutti gli oggetti applicativi definiti in tutti gli schemi. Per andare incontro alle nuove logiche architetturali ampiamente diffuse, il cloud in particolare, Oracle 12c ha rivisto la struttura del dizionario dati, partizionandolo orizzontalmente.

Nel nuovo data dictionary, i metadati degli oggetti di sistema hanno uno spazio a loro dedicato mentre quelli di ogni singola applicazione sono conservati, insieme ai dati applicativi, nel PDB relativo.

Il dizionario dati complessivo, dunque, non è più semplicemente un insieme di tabelle di sistema, bensì l'unione di quelle stesse tabelle di sistema e di tanti link ad altri dizionari dati applicativi.

Il singolo PDB può essere facilmente scollegato da un CDB e collegato ad un altro grazie al fatto di contenere, al suo interno, la propria parte di dizionario dati.

Dal punto di vista dell'utente queste modifiche strutturali non sono percepibili. Il dizionario continua ad essere interrogabile con le stesse logiche classiche, con l'eccezione delle nuove viste CDB_ che, come già spiegato nel capitolo dedicato all'architettura multitenant, forniscono informazioni sui metadati di un CDB e di tutti i PDB in esso contenuti.

4.2 Tabelle

4.2.1 Colonne basate su sequence

Il valore di default di una Colonna in Oracle 12c può far riferimento direttamente ad una sequence Oracle. Può essere utilizzato sia il CURRVAL che il NEXTVAL.

L'accoppiamento tra una colonna ed una sequence, ampiamente diffuso negli altri database relazionali, è sempre stato escluso in Oracle. Per utilizzare automaticamente una sequence in fase di inserimento era necessario scrivere un db trigger o diffondere il codice nelle applicazioni. Con Oracle 12c finalmente questo limite viene superato. Esempio di utilizzo.

Innanzi tutto creo una sequence:

```
O12c>create sequence test_seq;

Sequenza creata.
```

Poi una tabella in cui il valore di default di un campo (ID) fa riferimento al nextval della sequence:

```
O12c>create table test_seq_tab
  2   (id number default test_seq.nextval,
  3   descr varchar2(30));

Tabella creata.
```

Successivamente inserisco 20 righe in tabella, valorizzando solo la descrizione del record, non l'ID:

```
O12c>insert into test_seq_tab (descr)
  2   select 'riga '||level
  3   from dual
  4   connect by level <= 20;

20 righe create.
```

Con una query verifico che la sequence è stata utilizzata per popolare l'ID:

```
O12c>select * from test_seq_tab;

        ID DESCR
---------- ------------------------------
         1 riga 1
         2 riga 2
         3 riga 3
         4 riga 4
         5 riga 5
         6 riga 6
         7 riga 7
```

45

```
         8 riga 8
         9 riga 9
        10 riga 10
        11 riga 11
        12 riga 12
        13 riga 13
        14 riga 14
        15 riga 15
        16 riga 16
        17 riga 17
        18 riga 18
        19 riga 19
        20 riga 20

20 righe selezionate.
```

Infatti se leggo il CURRVAL della sequence:

```
O12c>select test_seq.currval from dual;

   CURRVAL
----------
        20
```

4.2.2   IDENTITY Columns

In Oracle 12c le colonne di una tabella possono essere definite come IDENTITY. Con questa modifica Oracle si adegua allo standard SQL ANSI.

Le colonne IDENTITY assumono automaticamente un valore progressivo che le rende univoche.

Vediamo un esempio. Prima di tutto creo una tabella che ha una colonna definita come GENERATED AS IDENTITY:

```
O12c>create table test_identity (
  2    a number generated as identity,
  3    b varchar2(30)
  4  );

Tabella creata.
```

Poi inserisco in tabella sette righe, valorizzando solo la colonna B con il nome di un giorno della settimana:

```
O12c>insert into test_identity (b)
  2    select to_char(sysdate+level,'day')
  3    from dual
  4    connect by level<=7;

7 righe create.
```

Effettivamente la colonna A è autogenerata come sequenza:

```
O12c>select * from test_identity;

        A B
---------- ----------------------------
        1 sabato
        2 domenica
        3 lunedý
        4 martedý
        5 mercoledý
        6 giovedý
        7 venerdý

7 righe selezionate.
```

Quando si definisce una colonna IDENTITY, Oracle essenzialmente definisce una sequence e la associa alla colonna come visto nel paragrafo precedente.

Oracle infatti ha creato una sequence:

```
O12c>select sequence_name from user_sequences;

SEQUENCE_NAME
--------------------------------------------------
ISEQ$$_92470
TEST_SEQ
```

Che è arrivata al valore sette:

```
O12c>select ISEQ$$_92470.currval from dual;

   CURRVAL
----------
         7
```

4.2.3   Valore di default e NULL

Fino alla precedente versione di Oracle, il valore di default di una colonna non è mai stato applicato quando l'utente (o l'applicazione) inseriva esplicitamente il valore NULL.

```
SQL >create table test_default (
  2   a number,
  3   b varchar2(30) default 'Valore di default'
  4  );

Tabella creata.

SQL >insert into test_default (A,B)
  2   values (3,null);
Creata 1 riga.

SQL >select * from test_default;

        A B
---------- ----------------------------
        3
```

47

Oracle 12c continua a comportarsi in questo modo, a meno che non si faccia uso della clausola ON NULL quando si assegna il default. In questo caso, infatti, si indica ad Oracle di utilizzare il valore di default anche se un utente esplicitamente assegna il valore NULL alla colonna:

```
O12c>create table test_default (
  2    a number,
  3    b varchar2(30) default on null 'Valore di default'
  4  );

Tabella creata.

O12c>insert into test_default (A,B)
  2  values (3,null);

Creata 1 riga.

O12c>select * from test_default;

         A B
---------- ------------------------------
         3 Valore di default
```

4.2.4 Valore di default in dizionario per colonne NULL

A partire da Oracle 12c, quando una colonna non è valorizzata, il suo eventuale valore di default è conservato nel data dictionary e non nella tabella stessa, come invece avveniva nelle precedenti versioni di Oracle.

L'aggiunta di nuove colonne munite di default è quindi molto più veloce, visto che non richiede di scrivere fisicamente il valore di default in tutti i record già presenti in tabella.

Partiamo dalla tabella TEST_SEQ_TAB usata in precedenza:

```
O12c>select * from test_seq_tab;

        ID DESCR
---------- ------------------------------
         1 riga 1
         2 riga 2
         3 riga 3
         4 riga 4
         5 riga 5
         6 riga 6
         7 riga 7
         8 riga 8
         9 riga 9
        10 riga 10
        11 riga 11
        12 riga 12
        13 riga 13
        14 riga 14
        15 riga 15
```

```
        16 riga 16
        17 riga 17
        18 riga 18
        19 riga 19
        20 riga 20

20 righe selezionate.
```

Aggiungiamo una terza colonna avente default 'ABC':

```
O12c>alter table test_seq_tab add
  2  (X varchar2(3) default 'ABC');

Tabella modificata.

O12c>select * from test_seq_tab;

        ID DESCR                          X
---------- ------------------------------ ---
         1 riga 1                         ABC
         2 riga 2                         ABC
         3 riga 3                         ABC
         4 riga 4                         ABC
         5 riga 5                         ABC
         6 riga 6                         ABC
         7 riga 7                         ABC
         8 riga 8                         ABC
         9 riga 9                         ABC
        10 riga 10                        ABC
        11 riga 11                        ABC
        12 riga 12                        ABC
        13 riga 13                        ABC
        14 riga 14                        ABC
        15 riga 15                        ABC
        16 riga 16                        ABC
        17 riga 17                        ABC
        18 riga 18                        ABC
        19 riga 19                        ABC
        20 riga 20                        ABC

20 righe selezionate.
```

Il valore compare accanto a tutti i record, ma in realtà è memorizzato nel dizionario. Ciò non causa gli effetti collaterali che si potrebbero temere. Modificando un valore della colonna X e poi modificando il valore di default, oppure annullando più valori della colonna X e poi modificando il valore di default, la colonna X resta sempre correttamente valorizzata come al popolamento:

```
O12c>update test_seq_tab set X='XYZ' where id=17;

Aggiornata 1 riga.

O12c>select * from test_seq_tab;
```

```
        ID DESCR                          X
---------- ------------------------------ ---
         1 riga 1                         ABC
         2 riga 2                         ABC
         3 riga 3                         ABC
         4 riga 4                         ABC
         5 riga 5                         ABC
         6 riga 6                         ABC
         7 riga 7                         ABC
         8 riga 8                         ABC
         9 riga 9                         ABC
        10 riga 10                        ABC
        11 riga 11                        ABC
        12 riga 12                        ABC
        13 riga 13                        ABC
        14 riga 14                        ABC
        15 riga 15                        ABC
        16 riga 16                        ABC
        17 riga 17                        XYZ
        18 riga 18                        ABC
        19 riga 19                        ABC
        20 riga 20                        ABC

20 righe selezionate.

O12c>alter table test_seq_tab modify X default 'DFG';
Tabella modificata.

O12c>select * from test_seq_tab;

        ID DESCR                          X
---------- ------------------------------ ---
         1 riga 1                         ABC
         2 riga 2                         ABC
         3 riga 3                         ABC
         4 riga 4                         ABC
         5 riga 5                         ABC
         6 riga 6                         ABC
         7 riga 7                         ABC
         8 riga 8                         ABC
         9 riga 9                         ABC
        10 riga 10                        ABC
        11 riga 11                        ABC
        12 riga 12                        ABC
        13 riga 13                        ABC
        14 riga 14                        ABC
        15 riga 15                        ABC
        16 riga 16                        ABC
        17 riga 17                        XYZ
        18 riga 18                        ABC
        19 riga 19                        ABC
        20 riga 20                        ABC
20 righe selezionate.

O12c>update test_seq_tab set X=null where id<7;
6 righe aggiornate.
O12c>select * from test_seq_tab;
```

```
        ID DESCR                          X
---------- ------------------------------ ---
         1 riga 1
         2 riga 2
         3 riga 3
         4 riga 4
         5 riga 5
         6 riga 6
         7 riga 7                         ABC
         8 riga 8                         ABC
         9 riga 9                         ABC
        10 riga 10                        ABC
        11 riga 11                        ABC
        12 riga 12                        ABC
        13 riga 13                        ABC
        14 riga 14                        ABC
        15 riga 15                        ABC
        16 riga 16                        ABC
        17 riga 17                        XYZ
        18 riga 18                        ABC
        19 riga 19                        ABC
        20 riga 20                        ABC

20 righe selezionate.

O12c>alter table test_seq_tab modify X default 'HJK';
Tabella modificata.

O12c>select * from test_seq_tab;

        ID DESCR                          X
---------- ------------------------------ ---
         1 riga 1
         2 riga 2
         3 riga 3
         4 riga 4
         5 riga 5
         6 riga 6
         7 riga 7                         ABC
         8 riga 8                         ABC
         9 riga 9                         ABC
        10 riga 10                        ABC
        11 riga 11                        ABC
        12 riga 12                        ABC
        13 riga 13                        ABC
        14 riga 14                        ABC
        15 riga 15                        ABC
        16 riga 16                        ABC
        17 riga 17                        XYZ
        18 riga 18                        ABC
        19 riga 19                        ABC
        20 riga 20                        ABC

20 righe selezionate.
```

4.2.5 Colonne invisibili

In Oracle 12c l'utente può decidere che una colonna debba essere invisibile. Ciò significa che la colonna non sarà estratta da una SELECT * o dal commando DESCRIBE.

Le colonne invisibili vengono regolarmente estratte quando sono esplicitamente menzionate nella select list di una query.

Ripartiamo dalla tabella TEST_IDENTITY:

```
O12c>desc test_identity;
 Nome                    Nullo?   Tipo
 ----------------------- -------- -----------
 A                       NOT NULL NUMBER
 B                                VARCHAR2(30)

O12c>select * from test_identity;

         A B
---------- ------------------------------
         1 sabato
         2 domenica
         3 lunedý
         4 martedý
         5 mercoledý
         6 giovedý
         7 venerdý

7 righe selezionate.
```

Rendiamo invisibile la colonna B:

```
O12c>alter table test_identity modify b invisible;

Tabella modificata.

O12c>desc test_identity
 Nome                Nullo?   Tipo
 ------------------- -------- ------------
 A                   NOT NULL NUMBER

O12c>select * from test_identity;

         A
----------
         1
         2
         3
         4
         5
         6
         7

7 righe selezionate.
```

La colonna B è comunque sempre al suo posto, bisogna solo esplicitarla in una select per vederla:

```
O12c>select a,b from test_identity;

        A B
---------- --------------------
        1 sabato
        2 domenica
        3 lunedý
        4 martedý
        5 mercoledý
        6 giovedý
        7 venerdý

7 righe selezionate.
```

Per riportare tutto alla norma:

```
O12c>alter table test_identity modify b visible;

Tabella modificata.

O12c>select * from test_identity;

        A B
---------- --------------------
        1 sabato
        2 domenica
        3 lunedý
        4 martedý
        5 mercoledý
        6 giovedý
        7 venerdý

7 righe selezionate.
```

4.2.6 Record archiviati

In Oracle 12c è possibile attivare su una tabella la gestione dei record archiviati.

Quando si dichiara, mediante la clausola ROW ARCHIVAL, che la tabella gestisce record archiviati, Oracle crea automaticamente una colonna nascosta dal nome ORA_ARCHIVE_STATE.

Questa colonna, di tipo VARCHAR2, può essere valorizzata ad '1' oppure a '0'. Per default è valorizzata a zero. I record contrassegnati con ORA_ARCHIVE_STATE='1' sono considerati archiviati, mentre quelli contrassegnati con ORA_ARCHIVE_STATE='0' sono considerati attivi. A livello di sessione si può decidere di escludere da tutte le query i record archiviati, oppure si mantiene l'opzione di default che visualizza tutti i record. Quest'impostazione di sessione si realizza mediante il parametro ARCHIVE VISIBILITY impostato al valore ACTIVE oppure ALL.

53

Vediamo un esempio, definiamo la tabella TEST_ARC, configurata per la gestione dell'archiviazione dei record, come segue:

```
O12c>create table test_arch (
  2   id number) ROW ARCHIVAL;

Tabella creata.
```

Inseriamo tre record:

```
O12c>insert into test_arch values (1);

Creata 1 riga.

O12c>insert into test_arch values (2);

Creata 1 riga.

O12c>insert into test_arch values (3);

Creata 1 riga.

O12c>
O12c>select * from test_arch;

        ID
----------
         1
         2
         3
```

E vediamo come è valorizzata la colonna nascosta:

```
O12c>select id, ora_archive_state from test_arch;

        ID ORA_ARCHIVE_STATE
---------- --------------------------------
         1 0
         2 0
         3 0

O12c>
```

Impostiamo uno dei tre record come archiviato ed inseriamone un quarto, archiviato anch'esso:

```
O12c>update test_arch
  2   set ora_archive_state='1'
  3   where id=2;

Aggiornata 1 riga.

O12c>insert into test_arch (id, ora_archive_state )
  2   values (4,'1');

Creata 1 riga.
```

54

A questo punto solo due record sono visibili, gli altri due sono archiviati:

```
O12c>select id, ora_archive_state from test_arch;

        ID ORA_ARCHIVE_STATE
---------- --------------------
         1 0
         3 0
```

Per vederli tutti cambiamo l'impostazione della ROW ARCHIVAL VISIBILITY:

```
O12c>ALTER SESSION SET ROW ARCHIVAL VISIBILITY = ALL;

Modificata sessione.

O12c>select id, ora_archive_state from test_arch;

        ID ORA_ARCHIVE_STATE
---------- --------------------
         1 0
         2 1
         3 0
         4 1
```

Ritorniamo all'impostazione precedente:

```
O12c>ALTER SESSION SET ROW ARCHIVAL VISIBILITY = ACTIVE;

Modificata sessione.

O12c>
O12c>select id, ora_archive_state from test_arch;

        ID ORA_ARCHIVE_STATE
---------- --------------------
         1 0
         3 0
```

Ed eliminiamo la gestione dell'archiviazione dalla tabella:

```
O12c>Alter table test_arch no row archival;

Tabella modificata.
```

La colonna nascosta non c'è più:

```
O12c>select id, ora_archive_state from test_arch;
select id, ora_archive_state from test_arch
               *
ERRORE alla riga 1:
ORA-00904: "ORA_ARCHIVE_STATE": identificativo non valido
```

Ed i quattro record sono tutti visibili:

```
O12c>select id from test_arch;

        ID
----------
         1
         2
         3
         4
```

4.2.7   Truncate CASCADE

In Oracle 12c è possibile troncare una tabella andando in cascata su tutte le tabelle figlie.

Questa truncate in cascata si realizza mediante la parola chiave CASCADE e richiede l'esistenza di una foreign key definita ON DELETE CASCADE.

Creiamo la tabella padre:
```
O12c>create table padre (id number primary key);

Tabella creata.

O12c>insert into padre values (1);

Creata 1 riga.
```

Poi la figlia:
```
O12c>create table figlio (id number, id_pa number);

Tabella creata.

O12c>insert into figlio values (1,1);

Creata 1 riga.
```

Aggiungiamo la foreign key:
```
O12c>alter table figlio add constraint
  2  pa_fi foreign key (id_pa) references padre(id);

Tabella modificata.
```

Proviamo a troncare il padre, errore:
```
O12c>truncate table padre;
truncate table padre
               *
ERRORE alla riga 1:
ORA-02266: La tabella referenziata da chiavi esterne abilitate
dispone di chiavi uniche/primarie
```

Proviamo a troncare il padre con l'opzione CASCADE, ancora errore:

```
O12c>truncate table padre cascade;
truncate table padre cascade
              *
ERRORE alla riga 1:
ORA-14705: chiavi esterne abilitate fanno riferimento a chiavi
univoche o primarie nella tabella "CORSO"."FIGLIO"
```

Perché la foreign key non era ON DELETE CASCADE. Ridefiniamola:

```
O12c>alter table figlio drop constraint pa_fi;

Tabella modificata.

O12c>alter table figlio add constraint
  2    pa_fi foreign key (id_pa) references padre(id)
  3    on delete cascade;

Tabella modificata.
```

E poi rifacciamo la truncate, errore:

```
O12c>truncate table padre;
truncate table padre
              *
ERRORE alla riga 1:
ORA-02266: La tabella referenziata da chiavi esterne abilitate
dispone di chiavi uniche/primarie
```

Ma con la clausola CASCADE questa volta ci riusciamo:

```
O12c>truncate table padre cascade;

Tabella troncata.

O12c>select * from padre;

Nessuna riga selezionata

O12c>select * from figlio;

Nessuna riga selezionata
```

4.3 Viste

4.3.1 Colonne invisibili

Come per le tabelle anche le viste possono avere colonne invisibili. Utilizziamo la tabella FIGLIO di un esempio precedente:

```
O12c>desc figlio
Nome                                   Nullo?    Tipo
-------------------------------------  --------  --------------------
ID                                                NUMBER
ID_PA                                             NUMBER

O12c>select * from figlio;

        ID      ID_PA
---------- ----------
         1          1
```

Ora creiamo la vista, specificando che la colonna ID_PA è invisibile:

```
O12c>create view view_figlio(id, id_pa invisible)
  2  as select * from figlio;

Vista creata.
```

Quindi non compare nella DESC

```
O12c>desc view_figlio;
Nome                                   Nullo?    Tipo
-------------------------------------  --------  --------------------
ID                                                NUMBER
```

Né nella SELECT *:

```
O12c>select * from view_figlio;

        ID
----------
         2
```

Ma compare se la selezioniamo esplicitamente:

```
O12c>select id, id_pa from view_figlio;

        ID      ID_PA
---------- ----------
         2          1
```

4.3.2 La clausola BEQUEATH

In Oracle 12c è stata introdotta la clausola BEQUEATH nella creazione delle viste. Questa clausola consente di far eseguire le funzioni richiamate nella vista in modalità AUTHID CURRENT_USER.

Per capire bene come funziona è necessario richiamare un comportamento standard di Oracle non molto noto.

Definiamo due utenti, USR1 ed USR2:

```
O12c>grant connect, resource, create view, unlimited tablespace
   2 to usr1 identified by usr1;

Concessione riuscita.

O12c>grant connect, resource, create view, unlimited tablespace
   2 to usr2 identified by usr2;

Concessione riuscita.
```

Connettiamoci ad USR1 e creiamo una tabella contenente un solo valore (1):

```
O12c>conn usr1/usr1@corsopdb

usr1>create table test_beq (a number);

Tabella creata.

usr1>insert into test_beq values (1);

Creata 1 riga.
```

Poi creiamo una funzione che restituisce l'unico valore presente in tabella TEST_BEQ. La funzione ha AUTHID CURRENT_USER:

```
usr1>create or replace function fun_beq return number
  2   authid current_user is
  3   a number;
  4  begin
  5    select a into a from test_beq;
  6    return a;
  7  end;
  8  /

Funzione creata.

usr1>select fun_beq from dual;

   FUN_BEQ
----------
         1
```

A questo punto creiamo una vista, VIEW_BEQ, che legge il solito valore attraverso la funzione FUN_BEQ:

```
usr1>create view view_beq as
  2   select fun_beq from dual;

Vista creata.

usr1>select * from view_beq;

   FUN_BEQ
----------
         1
```

59

Adesso concediamo all'utente USR2 il diritto di eseguire sia SELECT sulla tabella TEST_BEQ, sia EXECUTE sulla funzione FUN_BEQ:

```
usr1>grant select on view_beq to usr2;

Concessione riuscita.

usr1>grant execute on fun_beq to usr2;

Concessione riuscita.
```

Colleghiamoci con l'utente USR2 e definiamo anche nel suo schema la tabella TEST_BEQ, inserendo però il valore 2:

```
usr1>conn usr2/usr2@corsopdb
Connesso.

usr2>create table test_beq (a number);

Tabella creata.

usr2>insert into test_beq values (2);

Creata 1 riga.
```

Ovviamente, poiché la funzione FUN_BEQ è definita AUTHID CURRENT_USER, se USR2 la esegue ottiene il valore 2:

```
usr2>select usr1.fun_beq from dual;

   FUN_BEQ
----------
         2
```

Però, ed è questo il comportamento di Oracle che non molti conoscono, se USR2 legge il valore attraverso la vista VIEW_BEQ non ottiene 2, bensì 1:

```
usr2>select * from usr1.view_beq;

   FUN_BEQ
----------
         1
```

In pratica l'AUTHID CURRENT_USER definito nella funzione è annullato dal fatto che la funzione è richiamata non direttamente ma attraverso una vista. Questo è il comportamento di Oracle sia nella versione 11g che nella 12c.

In Oracle 12c, però, è stata introdotta la clausola BEQUEATH nelle viste. Una vista definita in questo modo non annulla l'effetto degli AUTHID CURRENT_USER. Rifacciamo l'esempio. Connettiamoci con USR1:

```
usr2>conn usr1/usr1@corsopdb
Connesso.
```

Droppiamo e creiamo di nuovo la vista, questa volta con la clausola BEQUEATH:

```
usr1>drop view view_beq;

Vista eliminata.

usr1>create view view_beq
  2   bequeath current_user as
  3   select  fun_beq from dual;

Vista creata.
```

Concediamo di nuovo ad USR2 il permesso di fare SELECT sulla vista:

```
usr1>grant select on view_beq to usr2;

Concessione riuscita.
```

Colleghiamoci ad USR2:

```
usr1>conn usr2/usr2@corsopdb
Connesso.
```

La query dalla funzione restituisce sempre 2, ma adesso anche la query dalla vista restituisce lo stesso valore:

```
usr2>conn usr2/usr2@corsopdb;
Connesso.
usr2>select usr1.fun_beq from dual;

   FUN_BEQ
----------
         2

usr2>select * from usr1.view_beq;

   FUN_BEQ
----------
         2
```

L'AUTHID CURRENT_USER è stato correttamente propagato attraverso la vista.

61

4.4 Datatype

4.4.1 Extended Datatype

Finalmente in Oracle 12c la dimensione massima dei tipi VARCHAR2, NVARCHAR2 e RAW è stata portata da 4000 a 32,767 byte.

Allora proviamo a creare una tabella avente una colonna da 32000 byte:

```
O12c>create table test_v32000 (
  2    a number,
  3    b varchar2(32000));
b varchar2(32000))
            *
ERRORE alla riga 3:
ORA-00910: specificata una lunghezza
troppo grande per il tipo di dati
```

L'errore è dovuto al fatto che, per default, anche Oracle 12c è ancora configurato per lavorare con le vecchie lunghezze massime delle stringhe. Ce ne possiamo accorgere leggendo il valore del parametro MAX_STRING_SIZE:

```
O12c>select value from v$parameter where name='max_string_size';

VALUE
----------------------------------------
STANDARD
```

Il parametro è modificabile dal valore STANDARD al valore EXTENDED ma non viceversa. È un'operazione di sola andata.

Per farlo bisogna innanzitutto fare shutdown del PDB:

```
SQL> shutdown
Database collegabile chiuso.
```

Poi eseguire lo startup in upgrade mode:

```
SQL> startup upgrade
Database collegabile aperto.
```

A questo punto si può modificare il valore del parametro:

```
SQL> alter system set max_string_size=EXTENDED;

Modificato sistema.
```

Poi è necessario lanciare lo script utl32k.sql che esegue varie attività di sistema:

```
SQL> @d:\oracle\product\12.1.0\dbhome_1\rdbms\admin\utl32k.sql

Modificata sessione.

DOC>#############################################################
DOC>#############################################################
```

```
DOC>    The following statement will cause an "ORA-01722: invalid
number"
DOC>    error if the database has not been opened for UPGRADE.
DOC>
DOC>    Perform a "SHUTDOWN ABORT"   and
DOC>    restart using UPGRADE.
DOC>###############################################################
DOC>###############################################################
DOC>#

Nessuna riga selezionata

DOC>###############################################################
DOC>###############################################################
DOC>    The following statement will cause an "ORA-01722: invalid
number"
DOC>    error if the database does not have compatible >= 12.0.0
DOC>
DOC>    Set compatible >= 12.0.0 and retry.
DOC>###############################################################
DOC>###############################################################
DOC>#

Procedura PL/SQL completata correttamente.

Modificata sessione.


2 righe aggiornate.

Commit completato.

Modificato sistema.

Procedura PL/SQL completata correttamente.

Commit completato.

Modificato sistema.


Modificata sessione.

Procedura PL/SQL completata correttamente.

Nessun errore.

Modificata sessione.

Procedura PL/SQL completata correttamente.


Commit completato.


Package modificato.
```

```
TIMESTAMP
-----------------------------------------------------------------
COMP_TIMESTAMP UTLRP_BGN   2013-08-17 00:45:24

DOC>    The following PL/SQL block invokes UTL_RECOMP to recompile invalid
DOC>    objects in the database. Recompilation time is proportional to the
DOC>    number of invalid objects in the database, so this command may take
DOC>    a long time to execute on a database with a large number of invalid
DOC>    objects.
DOC>
DOC>    Use the following queries to track recompilation progress:
DOC>
DOC>    1. Query returning the number of invalid objects remaining. This
DOC>       number should decrease with time.
DOC>         SELECT COUNT(*) FROM obj$ WHERE status IN (4, 5, 6);
DOC>
DOC>    2. Query returning the number of objects compiled so far. This number
DOC>       should increase with time.
DOC>         SELECT COUNT(*) FROM UTL_RECOMP_COMPILED;
DOC>
DOC>    This script automatically chooses serial or parallel recompilation
DOC>    based on the number of CPUs available (parameter cpu_count) multiplied
DOC>    by the number of threads per CPU (parameter parallel_threads_per_cpu).
DOC>    On RAC, this number is added across all RAC nodes.
DOC>
DOC>    UTL_RECOMP uses DBMS_SCHEDULER to create jobs for parallel
DOC>    recompilation. Jobs are created without instance affinity so that they
DOC>    can migrate across RAC nodes. Use the following queries to verify
DOC>    whether UTL_RECOMP jobs are being created and run correctly:
DOC>
DOC>    1. Query showing jobs created by UTL_RECOMP
DOC>         SELECT job_name FROM dba_scheduler_jobs
DOC>            WHERE job_name like 'UTL_RECOMP_SLAVE_%';
DOC>
DOC>    2. Query showing UTL_RECOMP jobs that are running
DOC>         SELECT job_name FROM dba_scheduler_running_jobs
DOC>            WHERE job_name like 'UTL_RECOMP_SLAVE_%';
DOC>#

Procedura PL/SQL completata correttamente.


TIMESTAMP
-----------------------------------------------------------------
COMP_TIMESTAMP UTLRP_END   2013-08-17 00:45:32
```

```
DOC> The following query reports the number of objects that have
compiled
DOC> with errors.
DOC>
DOC> If the number is higher than expected, please examine the
error
DOC> messages reported with each object (using SHOW ERRORS) to see
if they
DOC> point to system misconfiguration or resource constraints that
must be
DOC> fixed before attempting to recompile these objects.
DOC>#

OBJECTS WITH ERRORS
-------------------
                  0

DOC> The following query reports the number of errors caught
during
DOC> recompilation. If this number is non-zero, please query the
error
DOC> messages in the table UTL_RECOMP_ERRORS to see if any of
these errors
DOC> are due to misconfiguration or resource constraints that must
be
DOC> fixed before objects can compile successfully.
DOC>#

ERRORS DURING RECOMPILATION
---------------------------
                          0


Funzione creata.


Procedura PL/SQL completata correttamente.


Funzione eliminata.

...Database user "SYS", database schema "APEX_040200", user# "98"
00:45:56
...Compiled 0 out of 2998 objects considered, 0 failed compilation
00:45:57
...263 packages
...255 package bodies
...453 tables
...11 functions
...16 procedures
...3 sequences
...458 triggers
...1322 indexes
...207 views
...0 libraries
...6 types
...0 type bodies
...0 operators
```

```
...0 index types
...Begin key object existence check 00:45:57
...Completed key object existence check 00:45:57
...Setting DBMS Registry 00:45:57
...Setting DBMS Registry Complete 00:45:57
...Exiting validate 00:45:57

Procedura PL/SQL completata correttamente.
```

Poi si rifà shutdown e startup del PDB:

```
SQL> shutdown
Database collegabile chiuso.
SQL> startup
Database collegabile aperto.
```

E finalmente si può creare la tabella:

```
SQL> create table test_v32000 (
  2    a number,
  3    b varchar2(32000));

Tabella creata.

SQL> desc test_v32000
 Nome                          Nullo?    Tipo
 ----------------------------- --------- -----------------
 A                                       NUMBER
 B                                       VARCHAR2(32000)
```

4.4.2   ANYDATA supporta XMLTYPE

Fino alla versione 11gR2 il metodo convertObject del tipo ANYDATA non supportava le componenti XMLTYPE. Per verificarlo definiamo una tabella T_ANY contenete una sola colonna di tipo ANYDATA:

```
O11g>create table t_any (a anydata);

Tabella creata.
```

E due tipi, uno contenente una componente XMLTYPE ed uno contente solo componenti scalari:

```
O11g>create or replace type t is object (
  2    a xmltype,
  3    b number);
  4  /

Tipo creato.

O11g>create or replace type t2 is object (
  2    a date,
  3    b number);
  4  /

Tipo creato.
```

Se proviamo ad inserire nella tabella un oggetto del tipo T2, contenente solo scalari, riusciamo:

```
O11g >insert into t_any values
(sys.anyData.convertObject(t2(sysdate,123)));

Creata 1 riga.
```

Viceversa, se proviamo ad inserire un oggetto del tipo T, che contiene un componente XMLTYPE:

```
O11g >insert into t_any values
(sys.anyData.convertObject(t(xmltype('<a>x</a>'),123)));
insert into t_any values
(sys.anyData.convertObject(t(xmltype('<a>x</a>'),123)))
                                                      *
ERRORE alla riga 1:
ORA-22370: uso non corretto del metodo AnyData Insert
```

Otteniamo un errore.

Vediamo cosa succede in Oracle 12c:

```
O12c>insert into t_any values
  2  (sys.anyData.convertObject(t(xmltype('<a>x</a>'),123)));
(sys.anyData.convertObject(t(xmltype('<a>x</a>'),123)))
                                          *
ERRORE alla riga 2:
ORA-22370: uso non corretto del metodo AnyData Insert
```

Sempre lo stesso errore, però adesso, in Oracle 12c, abbiamo la possibilità di indicare esplicitamente che la tabella T_ANY deve poter conservare dati del tipo T nella sua colonna A di tipo ANYDATA.

Ciò si realizza mediante la clausola MODIFY OPAQUE TYPE:

```
O12c>alter table t_any modify opaque type a store (t) unpacked;

Tabella modificata.
```

In pratica stiamo dichiarando che la colonna A, che è un OPAQUE TYPE, può memorizzare dei dati del tipo T in modalità UNPACKED. Ciò vuol dire che i dati di tipo T non saranno conservati realmente nella colonna A, bensì in una colonna nascosta di tipo T generata e gestita automaticamente dal database. Per noi è trasparente.

Infatti l'inserimento avviene correttamente:

```
O12c>insert into t_any values
  2  (sys.anyData.convertObject(t(xmltype('<a>x</a>'),123)));

Creata 1 riga.
```

A questo punto, per verificare che all'apparenza i dati di tipo T sono gestiti come tutti gli altri dati, possiamo inserire altri record di tipi diversi:

```
O12c>insert into t_any values (sys.anyData.convertDate(sysdate));
Creata 1 riga.
```

67

```
O12c>insert into t_any values (sys.anyData.convertVarchar2('X'));

Creata 1 riga.

O12c>insert into t_any values (sys.anyData.convertNumber(3.14));

Creata 1 riga.
```

E verificare di che tipi sono i dati inseriti in tabella:
```
O12c>select t.a.gettypename() from t_any t;

T.A.GETTYPENAME()
--------------------------------------------------
CORSO.T
SYS.DATE
SYS.VARCHAR2
SYS.NUMBER
```

La differenza di gestione del tipo T rispetto ai tipi nativi non è evidente.

4.5 Partizioni

4.5.1 Indici Globali gestiti in asincrono

La gestione degli indici globali su tabelle partizionate è diventata asincrona rispetto ai comandi DROP e TRUNCATE di una partizione.

Di conseguenza queste due operazioni sono molto più veloci e richiedono meno risorse.

4.5.2 TRUNCATE ed EXCHANGE Partition CASCADE

I comandi TRUNCATE ed EXCHANGE PARTITION forniscono una clausola CASCADE per eliminare automaticamente tutti i legami di tipo padre-figlio con altri oggetti del db.

Perché l'opzione CASCADE funzioni è necessario che la tabella figlia sia partizionata BY REFERENCE e che sul constraint di foreign key relativo sia stato specificato ON DELETE CASCADE.

Cominciamo a definire una tabella padre partizionata e ad inserire un po' di record:
```
O12c>create table test_part_padre(id number primary key)
  2    partition by range (id) (
  3    partition part_pa_part100 values less than (101),
  4    partition part_pa_part200 values less than (201),
  5    partition part_pa_part300 values less than (301)
  6    );

Tabella creata.
```

```
O12c>insert into test_part_padre
  2  select level from dual
  3  connect by level<=280;

280 righe create.
```

Poi passiamo alla tabella figlia, partizionata BY REFERENCE su una FK dichiarata ON DELETE CASCADE:

```
O12c>create table test_part_figlia
  2  (id_pa number not null,
  3  constraint test_fk
  4  foreign key (id_pa) references
  5  test_part_padre(id) on delete cascade
  6  )
  7  partition by reference (test_fk);

Tabella creata.

O12c>insert into test_part_figlia
  2  select level from dual
  3  connect by level<=280;

280 righe create.

O12c>commit;

Commit completato.
```

E quindi tronchiamo la prima partizione sul padre con l'opzione cascade:

```
O12c>alter table test_part_padre
  2  truncate partition part_pa_part100
  3  cascade;

Tabella troncata.
```

Mentre, se cerchiamo di troncare senza l'opzione CASCADE:

```
O12c>alter table test_part_padre
  2  truncate partition part_pa_part200
  3  ;
alter table test_part_padre
            *
ERRORE alla riga 1:
ORA-02266: La tabella referenziata da chiavi esterne abilitate
dispone di chiavi uniche/primarie
```

Se la tabella figlia si definisce partizionata BY RANGE il CASCADE non ha effetto:

```
O12c>create table test_part_figlia(id number)
  2  partition by range (id) (
  3  partition part_fi_part100 values less than (101),
  4  partition part_fi_part200 values less than (201),
  5  partition part_fi_part300 values less than (301)
  6  );

Tabella creata.
```

69

```
O12c>alter table test_part_figlia
  2    add constraint test_fk
  3    foreign key (id) references test_part_padre(id);

Tabella modificata.

O12c>insert into test_part_figlia
  2    select level from dual
  3    connect by level<=280;

280 righe create.

O12c>commit;

Commit completato.

O12c>alter table test_part_padre
  2    truncate partition part_pa_part100
  3    cascade;
alter table test_part_padre
            *
ERRORE alla riga 1:
ORA-02266: La tabella referenziata da chiavi esterne abilitate
dispone di chiavi uniche/primarie
```

Come non ha effetto se la FK non è ON DELETE CASCADE:

```
O12c>create table test_part_figlia
  2    (id_pa number not null,
  3    constraint test_fk
  4    foreign key (id_pa) references test_part_padre(id)
  5    )
  6    partition by reference (test_fk);

Tabella creata.

O12c>insert into test_part_figlia
  2    select level from dual
  3    connect by level<=280;

280 righe create.

O12c>commit;

Commit completato.

O12c>alter table test_part_padre
  2    truncate partition part_pa_part100
  3    cascade;
alter table test_part_padre
            *
ERRORE alla riga 1:
ORA-14705: chiavi esterne abilitate fanno riferimento a chiavi
univoche o primarie nella tabella "CORSO"."TEST_PART_FIGLIA"
```

Come detto l'opzione CASCADE si applica anche all'istruzione **EXCHANGE PARTITION**.

Creiamo, per verificarlo con un esempio, due tabelle speculari alle TEST_PART_PADRE e TEST_PART_FIGLIA dell'esempio precedente, e collegate dalla stessa foreign key:

```
O12c>create table test_exc as
  2   select * from test_part_padre where 1=2;

Tabella creata.

O12c>alter table test_exc
  2   add constraint test_exc_pk
  3   primary key (id);

Tabella modificata.

O12c>create table test_exc_fi as
  2   select * from test_part_figlia
  3   where 1=2;

Tabella creata.

O12c>alter table test_exc_fi
  2   add constraint test_fk_2 foreign key
  3   (id_pa) references test_exc(id);

Tabella modificata.
```

A questo punto possiamo provare a scambiare la partizione PART_PA_PART200 della tabella TEST_PART_PADRE con la tabella TEST_EXC. Se non specifichiamo il CASCADE:

```
O12c>alter table test_part_padre
  2   exchange partition part_pa_part200 with table test_exc
  3   ;
alter table test_part_padre
*
ERRORE alla riga 1:
ORA-02266: La tabella referenziata da chiavi esterne abilitate
dispone di chiavi uniche/primarie
```

Otteniamo un errore dovuto al fatto che, effettuando questo scambio, resterebbero dei record orfani nella partizione corrispondente della tabella TEST_PART_FIGLIA. Specificando CASCADE, invece, vengono popolate sia la tabella TEST_EXC che la tabella TEST_EXC_FI:

```
O12c>alter table test_part_padre
  2   exchange partition part_pa_part200 with table test_exc
  3   cascade;

Tabella modificata.

O12c>select count(0) from test_exc;

  COUNT(0)
----------
       100
```

```
O12c>select count(0) from test_exc_fi;

  COUNT(0)
----------
       100
```

4.5.3 MOVE di partizioni ONLINE

Il commando ALTER TABLE ... MOVE PARTITION può essere eseguito online mentre altre operazioni DML continuano ad essere processate. Per far ciò è sufficiente utilizzare la clausola ONLINE a fine comando:

```
O12c>alter table test_part_padre
  2  move partition part_pa_part300
  3  tablespace tbs_test ONLINE;

Tabella modificata.
```

4.5.4 Indici parziali

Gli indici, sia locali che globali, possono essere creati anche su un sottoinsieme delle partizioni di una tabella.

Per realizzare questo tipo di indici è innanzitutto necessario definire se ci sono partizioni che potranno essere escluse dall'indicizzazione.

Per far ciò è necessario utilizzare l'attributo INDEXING OFF in fase di creazione della partizione:

```
O12c>create table test_idx_parz
  2  (id number primary key,
  3  descrizione varchar2(30)
  4  ) partition by range (id) (
  5  partition part100 values less than (101) indexing off,
  6  partition part200 values less than (201),
  7  partition part300 values less than (301)
  8  );

Tabella creata.

O12c>insert into test_idx_parz
  2  select level, 'riga '||level
  3  from dual
  4  connect by level<=280;

280 righe create.
```

Quindi la partizione PART100 potrà essere esclusa dall'indicizzazione.

Adesso creiamo un indice standard:

```
O12c>create index test_idx_full
  2  on test_idx_parz(descrizione);

Indice creato.
```

E poi uno parziale, utilizzando la clausola INDEXING PARTIAL:

```
O12c>create index test_idx_parziale
  2  on test_idx_parz(descrizione,id) indexing partial;

Indice creato.
```

Con una semplice query possiamo verificare che il parziale comprende solo 180 righe (seconda e terza partizione) mentre il primo che è stato creato ne contiene 280.

```
O12c>select index_name, num_rows, indexing
  2  from dba_indexes
  3  where table_name='TEST_IDX_PARZ';

INDEX_NAME                           NUM_ROWS INDEXIN
------------------------------       --------- -------
TEST_IDX_PARZIALE                         180 PARTIAL
SYS_C0010266                              FULL
TEST_IDX_FULL                             280 FULL
```

4.5.5 Manutenzione di più partizioni

Alcune operazioni di manutenzione su partizioni possono essere eseguite su più partizioni contemporaneamente anziché su una partizione per volta.

Prima di tutto creiamo una tabella di test con tre partizioni:

```
O12c>create table test_mult
  2  (id number primary key,
  3   descrizione varchar2(30)
  4  ) partition by range (id) (
  5  partition part100 values less than (101),
  6  partition part200 values less than (201),
  7  partition part300 values less than (301)
  8  );

Tabella creata.
```

Ci inseriamo 280 righe (100+100+80)

```
O12c>insert into test_mult
  2  select level, 'riga '||level
  3  from dual
  4  connect by level<=280;
280 righe create.

O12c>select count(0) from test_mult;

  COUNT(0)
----------
       280
```

Tronchiamo la prima e la terza partizione:
```
O12c>alter table test_mult
  2  truncate partitions part100, part300;

Tabella troncata.
```

E quindi alla fine in tabella ci sono solo 100 record.
```
O12c>select count(0) from test_mult;

  COUNT(0)
----------
       100
```

4.6   Indici

4.6.1   Più indici sullo stesso insieme di colonne

In Oracle 12c è possibile creare più indici sullo stesso insieme di colonne (con lo stesso ordine) purché gli indici differiscano per una o più delle seguenti caratteristiche:

- Tipo di indice (B-tree/bitmap)
- Partizionamento degli indici
- Indice Univoco/Non univoco

Uno solo degli indici può essere visibile in un determinato istante. Creiamo una tabella con una sola colonna:
```
O12c>create table test_ind (
  2  id number);

Tabella creata.
```

Cominciamo con un indice B-tree univoco:
```
O12c>create unique index test1 on test_ind(id);

Indice creato.
```

Poi cerchiamo di crearne uno bitmap:
```
O12c>create bitmap index test2 on test_ind(id);
create bitmap index test2 on test_ind(id)
                                     *
ERRORE alla riga 1:
ORA-01408: esiste già un indice per questa lista di colonne
```

Non è possibile perché il primo è visibile, allora procediamo rendendo prima invisibile il primo indice:
```
O12c>alter index test1 invisible;

Modificato indice.
```

```
O12c>create bitmap index test2 on test_ind(id);

Indice creato.
```

Procedendo con la stessa logica, rendiamo invisibile il secondo indice e poi creiamone un terzo, è sempre B-tree ma non univoco:

```
O12c>alter index test2 invisible;

Modificato indice.

O12c>create index test3 on test_ind(id);

Indice creato.
```

Per vedere la situazione complessiva degli indici eseguiamo una semplice query:

```
O12c>select index_name, INDEX_TYPE, uniqueness, visibility
  2  from dba_indexes
  3  where table_name='TEST_IND';

INDEX_NAME    INDEX_TYPE    UNIQUENES  VISIBILITY
-----------   -----------   ---------  ----------
TEST3         NORMAL        NONUNIQUE  VISIBLE
TEST2         BITMAP        NONUNIQUE  INVISIBLE
TEST1         NORMAL        UNIQUE     INVISIBLE
```

E adesso cerchiamo di rendere visibile l'indice TEST2, ovviamente ottenendo un errore:

```
O12c>alter index test2 visible;
alter index test2 visible
*
ERRORE alla riga 1:
ORA-14147: Sullo stesso set di colonne Þ gió stato definito un
indice VISIBLE.
```

4.6.1 CLEANUP di un indice

In Oracle 12c è possibile ripulire un indice dai puntamenti che sono rimasti orfani a seguito di un'operazione di manutenzione su una partizione. A tale scopo è stata aggiunta la clausola CLEANUP ai comandi ALTER INDEX...COALESCE ed ALTER INDEX...MODIFY PARTITION...COALESCE.

Per verificarne il funzionamento definiamo una tabella partizionata e popoliamola con un po' di record:

```
O12c>create table test_cleanup(id number primary key)
  2  partition by range (id) (
  3  partition part100 values less than (101),
  4  partition part200 values less than (201),
  5  partition part300 values less than (301)
  6  );

Tabella creata.
```

```
O12c>insert into test_cleanup
  2  select level from dual
  3  connect by level<=280;

280 righe create.
```

Poi raccogliamo le statistiche:
```
O12c>exec dbms_stats.gather_table_stats('CORSO','TEST_CLEANUP')

Procedura PL/SQL completata correttamente.
```

E verifichiamone gli indici:
```
O12c>select index_name, orphaned_entries,
  2   num_rows, status
  3   from dba_indexes i
  4   where table_name='TEST_CLEANUP';

INDEX_NAME      ORPHANED_ENTRIES    NUM_ROWS STATUS
-------------   -----------------   -------- --------
SYS_C0010285    NO                       280 VALID
```

Come si vede non ci sono puntamenti orfani nell'indice. A questo punto tronchiamo una partizione della tabella:
```
O12c>alter table test_cleanup
  2   truncate partition part200
  3   update global indexes;

Tabella troncata.
```

E riverifichiamo lo stato dell'indice:
```
O12c>select index_name, orphaned_entries, num_rows,
  2   status
  3   from dba_indexes i
  4   where table_name='TEST_CLEANUP';

INDEX_NAME      ORPHANED_ENTRIES    NUM_ROWS STATUS
-------------   -----------------   -------- -------
SYS_C0010285    YES                      280 VALID
```

Adesso i puntamenti orfani ci sono. Se facciamo una coalesce dell'indice non risolviamo:
```
O12c>alter index SYS_C0010285 coalesce;

Modificato indice.

O12c>select index_name, orphaned_entries, num_rows,
  2   status
  3   from dba_indexes i
  4   where table_name='TEST_CLEANUP';

INDEX_NAME      ORPHANED_ENTRIES    NUM_ROWS STATUS
-------------   -----------------   -------- --------
SYS_C0010285    YES                      280 VALID
```

Mentre risolviamo facendo una COALESCE CLEANUP:
```
O12c>alter index SYS_C0010285 coalesce cleanup;

Modificato indice.

O12c>select index_name, orphaned_entries, num_rows,
  2   status
  3   from dba_indexes i
  4   where table_name='TEST_CLEANUP';

INDEX_NAME        ORPHANED_ENTRIES     NUM_ROWS STATUS
--------------    ------------------   -------- --------
SYS_C0010285      NO                        280 VALID
```

4.7 Sequence

4.7.1 Sequence di sessione

In Oracle 12c è stata introdotta la possibilità di avere una sequence che gestisce i propri valori all'interno della sessione e non globalmente. Queste sequence sono particolarmente utili per l'utilizzo congiunto con le Global Temporary Table, anch'esse gestite da Oracle a livello di sessione.

Per creare una *session sequence* è sufficiente utilizzare la parola chiave SESSION nel comando di creazione:
```
O12c>Create sequence sess_seq session;

Sequenza creata.
```

A questo punto chiamiamo tre volte in NEXTVAL in questa sessione:
```
O12c>Select sess_seq.nextval from dual;

   NEXTVAL
----------
         1

O12c>Select sess_seq.nextval from dual;

   NEXTVAL
----------
         2

O12c>Select sess_seq.nextval from dual;

   NEXTVAL
----------
         3
```

Poi apriamo una nuova sessione e la sequence riparte da uno:
```
O12c>conn corso/corso@corsopdb
Connesso.
```

```
O12c>Select sess_seq.nextval from dual;
   NEXTVAL
----------
         1
```

4.7.2 Keep Nextval

L'application continuity è una funzionalità di Oracle che consiste nel rieseguire automaticamente una richiesta inviata al database che sia fallita perché la sessione a cui era diretta era indisponibile.

E' un meccanismo che cerca di nascondere all'utente gli eventuali errori infrastrutturali e non è una novità di questa versione.

Il problema è che alcune chiamate fatte al db non possono essere così banalmente ripetute. Si tratta delle cosiddette chiamate non deterministiche, che danno risultati differenti se eseguite in momenti differenti. Un esempio è la lettura del nextval di una sequence, visto che ripetendola, anche dopo pochissimi millesimi di secondo, si ottiene un risultato differente rispetto alla prima volta che era stata eseguita.

In Oracle 12c una sequence può essere creata con l'opzione KEEP, la quale indica ad Oracle di rendere deterministica la lettura del NEXTVAL: In pratica, se il comando viene rieseguito, solo a seguito di un errore in application continuity, la sequence restituisce lo stesso valore dell'invocazione che era andata in errore.

Non possiamo fare un esempio di lettura, per ovvie ragioni, ma possiamo creare una sequence di questo tipo:

```
O12c>Create sequence seq_keep keep;
Sequenza creata.
```

5 SQL e PL/SQL

In questo capitolo sono descritte le principali novità introdotte in Oracle 12c per quanto riguarda l'SQL ed il PL/SQL.

5.1 SQL

5.1.1 OUTER JOIN doppie

Nelle precedenti versioni di Oracle non era possibile mettere in outer join più tabelle con la stessa utilizzando la sintassi nativa. Era necessario utilizzare la sintassi standard ANSI.

Questo limite è stato superato in Oracle 12c. Per comprendere bene la questione dobbiamo fare un esempio. Ipotizziamo di avere tre tabelle: CLIENTI, PIANI e COMUNI create e popolate come segue:

```
create table clienti (
codice    number         not null,
nome      varchar2(20)   not null,
piano     varchar2(3)    not null,
comune    varchar2(4)    not null);

create table piani (
codice varchar2(3) not null,
descr  varchar2(20));

create table comuni (
codice varchar2(4) not null,
nome   varchar2(20));

insert into piani values ('P1G','1Gb mese flat');
insert into piani values ('P2G','2Gb mese flat');
insert into piani values ('P4G','4Gb mese flat');
insert into piani values ('P8G','8Gb mese flat');
insert into comuni values ('H501','ROMA');
insert into comuni values ('F839','NAPOLI');
insert into comuni values ('F205','MILANO');
```

```
insert into comuni values ('L219','TORINO');
insert into clienti values (1, 'Gianni Bianchi', 'P2G', 'L219');
insert into clienti values (2, 'Stefano Neri', 'P8G', 'L219');
insert into clienti values (3, 'Luca Rossi', 'P2G', 'H501');
insert into clienti values (4, 'Davide Verdi', 'P8G', 'L219');
insert into clienti values (5, 'Marco Gialli', 'P2G', 'F839');
insert into clienti values (6, 'Vittorio Grigi', 'P1G', 'H501');
```

Di conseguenza il contenuto delle tabelle sarà il seguente:

```
SQL >select * from clienti;

    CODICE NOME                  PIA COMU
---------- -------------------- --- ----
         1 Gianni Bianchi       P2G L219
         2 Stefano Neri         P8G L219
         3 Luca Rossi           P2G H501
         4 Davide Verdi         P8G L219
         5 Marco Gialli         P2G F839
         6 Vittorio Grigi       P1G H501

6 rows selected.

SQL >select * from piani;

COD DESCR
--- --------------------
P1G 1Gb mese flat
P2G 2Gb mese flat
P4G 4Gb mese flat
P8G 8Gb mese flat

SQL >select * from comuni;

CODI NOME
---- --------------------
H501 ROMA
F839 NAPOLI
F205 MILANO
L219 TORINO
```

Se leggiamo i dati mettendo le tre tabelle in join:

```
SQL >select c.nome cliente, descr piano, co.nome comune
  2   from clienti c, piani p, comuni co
  3   where c.piano=p.codice
  4   and c.comune=co.codice;

CLIENTE              PIANO                COMUNE
-------------------- -------------------- ------------------
Vittorio Grigi       1Gb mese flat        ROMA
Marco Gialli         2Gb mese flat        NAPOLI
Gianni Bianchi       2Gb mese flat        TORINO
Luca Rossi           2Gb mese flat        ROMA
Davide Verdi         8Gb mese flat        TORINO
Stefano Neri         8Gb mese flat        TORINO

6 rows selected.
```

Se ci chiediamo quanti clienti hanno attivato ogni piano, volendo visualizzare tutti i piani disponibili, dobbiamo utilizzare una outer join:

```
SQL >select descr piano, count(c.nome) clienti
  2  from clienti c, piani p
  3  where c.piano(+)=p.codice
  4  group by descr;

PIANO                    CLIENTI
-------------------      ----------
1Gb mese flat                  1
2Gb mese flat                  3
4Gb mese flat                  0
8Gb mese flat                  2
```

Lo stesso dicasi se vogliamo sapere quanti clienti abbiamo per ogni comune, visualizzando tutti i comuni:

```
SQL >select co.nome comune, count(c.nome) clienti
  2  from clienti c, comuni co
  3  where c.comune(+)=co.codice
  4  group by co.nome;

COMUNE                   CLIENTI
-------------------      ----------
MILANO                         0
NAPOLI                         1
ROMA                           2
TORINO                         3
```

Se, infine, vogliamo sapere quanti clienti abbiamo per ogni combinazione di comune e piano abbiamo bisogno di una doppia outer join:

```
SQL >select descr piano, co.nome comune, count(c.nome) clienti
  2  from clienti c, piani p, comuni co
  3  where c.piano(+)=p.codice
  4  and c.comune(+)=co.codice
  5  group by co.nome, descr
  6  order by 1, 2;
where c.piano(+)=p.codice
              *
ERROR at line 3:
ORA-01417: a table may be outer joined to at most one other table
```

Che in Oracle 11g non è ammessa.

Nelle vecchie versioni del db era necessario riscrivere la query nella sintassi ANSI:

```
SQL >select descr piano, co.nome comune, count(c.nome) clienti
  2  from comuni co cross join piani p
  3  left outer join clienti c
  4  on c.piano=p.codice
  5  and c.comune=co.codice
  6  group by descr, co.nome
  7  order by 1, 2;
```

81

```
PIANO                 COMUNE                CLIENTI
-------------------- -------------------- ----------
1Gb mese flat        MILANO                        0
1Gb mese flat        NAPOLI                        0
1Gb mese flat        ROMA                          1
1Gb mese flat        TORINO                        0
2Gb mese flat        MILANO                        0
2Gb mese flat        NAPOLI                        1
2Gb mese flat        ROMA                          1
2Gb mese flat        TORINO                        1
4Gb mese flat        MILANO                        0
4Gb mese flat        NAPOLI                        0
4Gb mese flat        ROMA                          0
4Gb mese flat        TORINO                        0
8Gb mese flat        MILANO                        0
8Gb mese flat        NAPOLI                        0
8Gb mese flat        ROMA                          0
8Gb mese flat        TORINO                        2

16 rows selected.
```

Oppure, per utilizzare la sintassi nativa, usare una view inline:

```
SQL >select x.descr piano, x.nome , count(c.nome) clienticomune
  2  from (select descr, nome, co.codice comune, p.codice piano
  3         from comuni co, piani p) x,
  4      clienti c
  5  where x.comune=c.comune(+)
  6  and x.piano=c.piano(+)
  7  group by x.descr, x.nome;

PIANO                 NOME                 CLIENTICOMUNE
-------------------- -------------------- -------------
1Gb mese flat        ROMA                             1
1Gb mese flat        MILANO                           0
1Gb mese flat        NAPOLI                           0
1Gb mese flat        TORINO                           0
2Gb mese flat        ROMA                             1
2Gb mese flat        MILANO                           0
2Gb mese flat        NAPOLI                           1
2Gb mese flat        TORINO                           1
4Gb mese flat        ROMA                             0
4Gb mese flat        MILANO                           0
4Gb mese flat        NAPOLI                           0
4Gb mese flat        TORINO                           0
8Gb mese flat        ROMA                             0
8Gb mese flat        MILANO                           0
8Gb mese flat        NAPOLI                           0
8Gb mese flat        TORINO                           2

16 rows selected.
```

In Oracle 12c la doppia outer join può essere eseguita direttamente nella sintassi nativa:

```
O12c>select descr piano, co.nome comune, count(c.nome) clienti
  2   from clienti c, piani p, comuni co
  3   where c.piano(+)=p.codice
  4   and c.comune(+)=co.codice
  5   group by co.nome, descr
  6   order by 1, 2;

PIANO                   COMUNE                    CLIENTI
--------------------    --------------------      ----------
1Gb mese flat           MILANO                         0
1Gb mese flat           NAPOLI                         0
1Gb mese flat           ROMA                           1
1Gb mese flat           TORINO                         0
2Gb mese flat           MILANO                         0
2Gb mese flat           NAPOLI                         1
2Gb mese flat           ROMA                           1
2Gb mese flat           TORINO                         1
4Gb mese flat           MILANO                         0
4Gb mese flat           NAPOLI                         0
4Gb mese flat           ROMA                           0
4Gb mese flat           TORINO                         0
8Gb mese flat           MILANO                         0
8Gb mese flat           NAPOLI                         0
8Gb mese flat           ROMA                           0
8Gb mese flat           TORINO                         2

16 righe selezionate.
```

Questa maggiore flessibilità della sintassi nativa facilita la vita agli sviluppatori, ma non solo. L'ottimizzatore ha un'opzione in più quando riscrive le query per determinare il miglior percorso d'esecuzione quindi, in alcuni casi, si possono anche ottenere performance migliori.

5.1.2 Validità temporale dei dati

In Oracle 12c è stata introdotta una funzionalità che consente di aggiungere ad una tabella la validità temporale dei dati. In pratica, per ogni record è possibile indicare con due date il periodo in cui quel record è valido e poi estrarre solo i record validi ad una determinata data oppure in un periodo.

Vediamo un esempio, utilizzeremo la tabella CLIENTI dell'esempio precedente, quindi aggiungiamo la coppia di date:

```
O12c>ALTER TABLE CLIENTI ADD
  2   (PERIOD FOR VALIDITA (VALIDO_DAL,VALIDO_AL));

Tabella modificata.
```

```
O12c>DESC CLIENTI
Nome                                            Nullo?    Tipo
 ----------------------------------------------------------------
 CODICE                                         NOT NULL  NUMBER
 NOME                                           NOT NULL  VARCHAR2(20)
 PIANO                                          NOT NULL  VARCHAR2(3)
 COMUNE                                         NOT NULL  VARCHAR2(4)
 VALIDO_DAL                                               DATE
 VALIDO_AL                                                DATE
```

Poi definiamo il periodo di validità:

```
O12c>ALTER TABLE CLIENTI ADD
  2  (PERIOD FOR VALIDITA (VALIDO_DAL,VALIDO_AL));

Tabella modificata.
```

Che è invisibile nella DESC:

```
O12c>DESC CLIENTI
Nome                                            Nullo?    Tipo
 ----------------------------------------------------------------
 CODICE                                         NOT NULL  NUMBER
 NOME                                           NOT NULL  VARCHAR2(20)
 PIANO                                          NOT NULL  VARCHAR2(3)
 COMUNE                                         NOT NULL  VARCHAR2(4)
 VALIDO_DAL                                               DATE
 VALIDO_AL                                                DATE
```

Poi aggiorniamo la validità di tutti i record:

```
O12c>update clienti
  2  set valido_dal = sysdate-100,
  3  valido_al =sysdate+100;

6 righe aggiornate.

O12c>select c.*, validita from clienti c;

    CODICE NOME             PIA COMU VALIDO_DA VALIDO_AL   VALIDITA
---------- ---------------- --- ---- --------- ---------  ---------
         1 Gianni Bianchi   P2G L219 21-MAG-13 07-DIC-13    2965913
         2 Stefano Neri     P8G L219 21-MAG-13 07-DIC-13    2965913
         3 Luca Rossi       P2G H501 21-MAG-13 07-DIC-13    2965913
         4 Davide Verdi     P8G L219 21-MAG-13 07-DIC-13    2965913
         5 Marco Gialli     P2G F839 21-MAG-13 07-DIC-13    2965913
         6 Vittorio Grigi   P1G H501 21-MAG-13 07-DIC-13    2965913

6 righe selezionate.
```

E diciamo che alla data SYSDATE+101 tutti i clienti che hanno il piano P1G passeranno al piano P2G:

```
O12c>insert into clienti
  2  select codice, nome, 'P2G', comune, sysdate+101, null
  3  from clienti
  4  where piano='P1G';

Creata 1 riga.
```

```
O12c>select * from clienti;

    CODICE NOME                     PIA COMU VALIDO_DA VALIDO_AL
---------- -------------------- --- ---- --------- ---------
         1 Gianni Bianchi       P2G L219 21-MAG-13 07-DIC-13
         2 Stefano Neri         P8G L219 21-MAG-13 07-DIC-13
         3 Luca Rossi           P2G H501 21-MAG-13 07-DIC-13
         4 Davide Verdi         P8G L219 21-MAG-13 07-DIC-13
         5 Marco Gialli         P2G F839 21-MAG-13 07-DIC-13
         6 Vittorio Grigi       P1G H501 21-MAG-13 07-DIC-13
         6 Vittorio Grigi       P2G H501 08-DIC-13

7 righe selezionate.
```

Si tratta solo del cliente Vittorio Grigi.

Adesso, utilizzando la clausola AS OF PERIOD FOR possiamo scegliere di vedere i dati validi ad oggi:

```
O12c>select * from clienti
  2  as of period for validita sysdate;

    CODICE NOME                     PIA COMU VALIDO_DA VALIDO_AL
---------- -------------------- --- ---- --------- ---------
         1 Gianni Bianchi       P2G L219 21-MAG-13 07-DIC-13
         2 Stefano Neri         P8G L219 21-MAG-13 07-DIC-13
         3 Luca Rossi           P2G H501 21-MAG-13 07-DIC-13
         4 Davide Verdi         P8G L219 21-MAG-13 07-DIC-13
         5 Marco Gialli         P2G F839 21-MAG-13 07-DIC-13
         6 Vittorio Grigi       P1G H501 21-MAG-13 07-DIC-13

6 righe selezionate.
```

Oppure quelli validi a SYSDATE+200:

```
O12c>select * from clienti
  2  as of period for validita sysdate+200;

    CODICE NOME                     PIA COMU VALIDO_DA VALIDO_AL
---------- -------------------- --- ---- --------- ---------
         6 Vittorio Grigi       P2G H501 08-DIC-13
```

ATTENZIONE: La funzionalità appena illustrata è stata introdotta in Oracle 12c ma non è compatibile con la multitenant architecture. Se avete eseguito l'installazione in modalità multitenant, come indicato all'inizio di questo manuale, le ultime due query estraggono sempre sette record:

```
O12c>select * from clienti
  2  as of period for validita sysdate;

    CODICE NOME                     PIA COMU VALIDO_DA VALIDO_AL
---------- -------------------- --- ---- --------- ---------
         1 Gianni Bianchi       P2G L219 21-MAG-13 07-DIC-13
         2 Stefano Neri         P8G L219 21-MAG-13 07-DIC-13
         3 Luca Rossi           P2G H501 21-MAG-13 07-DIC-13
```

```
        4 Davide Verdi           P8G L219 21-MAG-13 07-DIC-13
        5 Marco Gialli           P2G F839 21-MAG-13 07-DIC-13
        6 Vittorio Grigi         P1G H501 21-MAG-13 07-DIC-13
        6 Vittorio Grigi         P2G H501 08-DIC-13

7 righe selezionate.

O12c>select * from clienti
  2  as of period for validita sysdate+200;

    CODICE NOME                    PIA COMU VALIDO_DA VALIDO_AL
 ---------- ---------------------- --- ---- --------- ---------
         1 Gianni Bianchi          P2G L219 21-MAG-13 07-DIC-13
         2 Stefano Neri            P8G L219 21-MAG-13 07-DIC-13
         3 Luca Rossi              P2G H501 21-MAG-13 07-DIC-13
         4 Davide Verdi            P8G L219 21-MAG-13 07-DIC-13
         5 Marco Gialli            P2G F839 21-MAG-13 07-DIC-13
         6 Vittorio Grigi          P1G H501 21-MAG-13 07-DIC-13
         6 Vittorio Grigi          P2G H501 08-DIC-13

7 righe selezionate.
```

Oracle gestisce correttamente il periodo di validità solo in un database 12c non-CDB. Ecco il riferimento alla documentazione Oracle:

http://docs.oracle.com/cd/E16655_01/server.121/e17613/part_lifecycle.htm#CHDICBCG

5.1.3 Paginazione dei record estratti in SQL

Il comando di SELECT è stato implementato con una nuova clausola che consente di limitare i record estratti.

Questa clausola si basa su due parole chiave: OFFSET e FETCH. Queste parole chiave devono sempre essere utilizzate in combinazione con una ORDER BY o comunque bisogna essere certi che i record estratti siano ordinati in modo deterministico per evitare letture inconsistenti.

La clausola OFFSET consente di specificare il numero di righe da saltare prima della prima riga da estrarre.

Cominciamo popolando una tabella con i numeri da 1 a 20:

```
O12c>Create table test_fetch as
  2  Select level x from dual connect by level<=20;

Tabella creata.

O12c>Select * from test_fetch order by x;

         X
----------
         1
         2
         3
```

```
         4
         5
         6
         7
         8
         9
        10
        11
        12
        13
        14
        15
        16
        17
        18
        19
        20

20 righe selezionate.
```

E saltiamo i primi dieci record

```
O12c>Select * from test_fetch
  2   order by x OFFSET 10 rows;

         X
----------
        11
        12
        13
        14
        15
        16
        17
        18
        19
        20

10 righe selezionate.
```

Se il numero passato come OFFSET è nullo, maggiore o uguale del numero totale dei record, la query non restituirà righe.

```
O12c>Select * from test_fetch
  2   order by x offset 30 rows;

Nessuna riga selezionata
```

La parola chiave FETCH consente di indicare quante righe si vogliono estrarre. Si può indicare il numero esatto di righe da estrarre oppure una percentuale dei record totali:

```
O12c>Select * from test_fetch
  2   order by x FETCH first 10 rows only;

         X
----------
         1
         2
```

```
                3
                4
                5
                6
                7
                8
                9
               10

10 righe selezionate.

O12c>Select * from test_fetch
  2  order by x FETCH first 40 percent rows only;

         X
----------
         1
         2
         3
         4
         5
         6
         7
         8

8 righe selezionate.
```

Se non si specifica un numero di righe né una percentuale viene estratto un solo record:

```
O12c>Select * from test_fetch
  2  order by x FETCH first rows only;

         X
----------
         1
```

La parola chiave FIRST è intercambiabile con NEXT

```
O12c>Select * from test_fetch
  2  order by x FETCH first rows only;

         X
----------
         1

O12c>Select * from test_fetch
  2  order by x FETCH NEXT 10 rows only;

         X
----------
         1
         2
         3
         4
         5
         6
         7
         8
```

```
         9
        10

10 righe selezionate.

O12c>Select * from test_fetch
  2  order by x FETCH next 40 percent rows only;

         X
----------
         1
         2
         3
         4
         5
         6
         7
         8

8 righe selezionate.
```

Se ci sono uguaglianze sull'ordinamento si può decidere, usando le parole chiave ONLY e WITH TIES, se ottenere esattamente il numero di righe presenti nella clausola FETCH oppure aggiungere anche tutte le altre righe che hanno gli stessi valori:

Innanzitutto duplichiamo i record nella tabella di test:

```
O12c>Insert into test_fetch select * from test_fetch;

20 righe create.
```

E poi otteniamo esattamente 5 righe:

```
O12c>Select * from test_fetch
  2  order by x
  3  fetch first 5 rows only;

         X
----------
         1
         1
         2
         2
         3
```

Oppure 5 più gli eventuali ex-aequo

```
O12c>Select * from test_fetch
  2  order by x
  3  fetch first 5 rows with ties;

         X
----------
         1
         1
         2
```

```
                    2
                    3
                    3

6 righe selezionate.
```

L'uso combinato di FETCH ed OFFSET consente la paginazione dei record:

Pagina 1, da 5 righe

```
O12c>Select * from test_fetch
  2  order by x
  3  FETCH FIRST 5 ROWS ONLY;

         X
----------
         1
         1
         2
         2
         3
```

Pagina 2, da 5 righe

```
O12c>Select * from test_fetch
  2  order by x
  3  OFFSET 5 ROWS
  4  FETCH FIRST 5 ROWS ONLY;

         X
----------
         3
         4
         4
         5
         5
```

Pagina N, da 15 righe

```
O12c>Select * from test_fetch
  2  order by x
  3  OFFSET 5*(&N-1) ROWS
  4  FETCH FIRST 5 ROWS ONLY;
Immettere un valore per n: 3
vecchio   3: OFFSET 5*(&N-1) ROWS
nuovo     3: OFFSET 5*(3-1) ROWS

         X
----------
         6
         6
         7
         7
         8
```

La clausola di limitazione dei record estratti è soggetta ad alcune restrizioni:

- Non può essere utilizzata insieme alla FOR UPDATE.

```
O12c>Select * from test_fetch
  2   order by x
  3   FETCH FIRST 15 ROWS ONLY
  4   for update;
Select * from test_fetch
       *
ERRORE alla riga 1:
ORA-02014: impossibile usare FOR UPDATE su una vista con DISTINCT,
GROUP BY, ecc.
```

- Se la si utilizza, nella select list non è possibile inserire le pseudocolonne CURRVAL e NEXTVAL di una sequence.

```
O12c>Create sequence seq_test;

Sequenza creata.

O12c>select x, seq_test.nextval
  2   from test_fetch
  3   order by x
  4   FETCH FIRST 15 ROWS ONLY;
select x, seq_test.nextval
          *
ERRORE alla riga 1:
ORA-02287: numero di sequenza non consentito in questo caso
```

- Se viene utilizzata in una query che sta alla base di una vista materializzata, allora la vista materializzata non può avere refresh incrementale (fast refresh).

```
O12c>delete test_fetch;

60 righe eliminate.

O12c>insert into test_fetch
  2   Select level x from dual connect by level<=30;

30 righe create.

O12c>alter table test_fetch add constraint p_f primary key (x);

Tabella modificata.

O12c>CREATE MATERIALIZED VIEW LOG ON test_fetch;

Creato log vista materializzata.
```

Il prossimo step è la creazione di una vista materializzata, a questo punto mi sono imbattuto in un bug del syntax parser. Oracle 12c non lascia creare una vista materializzata se nella query appare una

91

qualunque clausola di limitazione delle righe (FETCH o OFFSET), a prescindere dal fatto che sia configurata per il fast refresh oppure no:

```
O12c>create materialized view mv_fetch refresh fast as
  2    select * from test_fetch
  3    fetch first 15 rows only;
fetch first 15 rows only
               *
ERRORE alla riga 3:
ORA-00933: comando SQL terminato erroneamente

O12c>create materialized view mv_fetch as
  2    select * from test_fetch
  3    fetch first 15 rows only;
fetch first 15 rows only
               *
ERRORE alla riga 3:
ORA-00933: comando SQL terminato erroneamente
```

La mia versione di Oracle è:

```
O12c>select * from product_component_version;

PRODUCT                                  VERSION       STATUS
---------------------------------------- ------------- -------------
NLSRTL                                   12.1.0.1.0    Production
Oracle Database 12c Enterprise Edition   12.1.0.1.0    64bit Production
PL/SQL                                   12.1.0.1.0    Production
TNS for 64-bit Windows:                  12.1.0.1.0    Production
```

Includendo la query tra parentesi si supera il problema del bug, ma ovviamente è solo un workaround:

```
O12c>create materialized view mv_fetch refresh fast as
  2    (
  3    select * from test_fetch
  4    fetch first 15 rows only
  5    );
fetch first 15 rows only
               *
ERRORE alla riga 4:
ORA-12015: impossibile creare una vista materializzata rapidamente
aggiornabile da una query complessa


O12c>create materialized view mv_fetch as
  2    (
  3    select * from test_fetch
  4    fetch first 15 rows only
  5    );

Creata vista materializzata.
```

I comandi precedenti mostrano che, coerentemente con la restrizione dichiarata in documentazione, non è possibile definire una vista materializzata configurata per il fast refresh che utilizzi le parole chiave OFFSET o FETCH.

5.1.4 Le clausole APPLY e LATERAL

In Oracle 12c è stata introdotta la clausola APPLY che consente di eseguire una join tra una tabella ed una query che faccia riferimento alla tabella stessa. Cerchiamo di chiarire con un esempio:

In Oracle 11g questa query va in errore perché la select che si trova nella FROM fa riferimento ad un'altra tabella che si trova nella stessa FROM.

```
O11g>Select p.descr, v.nome
  2   from piani p,
  3        (select * from clienti c where c.piano=p.codice) v;
       (select * from clienti c where c.piano=p.codice) v
                                              *
ERRORE alla riga 3:
ORA-00904: "P"."CODICE": identificativo non valido
```

In pratica, nella stessa FROM la seconda tabella (una select) è correlata alla prima e ciò non è ammesso.

Anche in Oracle 12c la stessa istruzione va in errore:

```
O12c>Select p.descr, v.nome
  2   from piani p, (select * from clienti c where
c.piano=p.codice) v;
from piani p, (select * from clienti c where c.piano=p.codice) v
                                                       *
ERRORE alla riga 2:
ORA-00904: "P"."CODICE": identificativo non valido
```

Possiamo però comunque eseguirla sostituendo la join con la clausola CROSS APPLY

```
O12c>Select p.descr, v.nome
  2   from piani p CROSS APPLY
  3   (select * from clienti c where c.piano=p.codice) v;

DESCR                NOME
-------------------- --------------------
2Gb mese flat        Gianni Bianchi
8Gb mese flat        Stefano Neri
2Gb mese flat        Luca Rossi
8Gb mese flat        Davide Verdi
2Gb mese flat        Marco Gialli
1Gb mese flat        Vittorio Grigi

6 righe selezionate.
```

Se ci serve un outer join, possiamo utilizzare la OUTER APPLY

```
O12c>Select p.descr, v.nome
  2  from piani p OUTER APPLY
  3  (select * from clienti c where c.piano=p.codice) v;

DESCR                 NOME
--------------------  --------------------
2Gb mese flat         Gianni Bianchi
8Gb mese flat         Stefano Neri
2Gb mese flat         Luca Rossi
8Gb mese flat         Davide Verdi
2Gb mese flat         Marco Gialli
1Gb mese flat         Vittorio Grigi
4Gb mese flat

7 righe selezionate.
```

Nello standard ANSI non è prevista la clausola APPLY, viceversa è prevista la clausola LATERAL che racchiude una subquery correlata ad un'altra tabella all'interno della FROM.

```
O12c>Select p.descr, v.nome
  2  from piani p,
  3  LATERAL(select * from clienti c where c.piano=p.codice) v;

DESCR                 NOME
--------------------  --------------------
2Gb mese flat         Gianni Bianchi
8Gb mese flat         Stefano Neri
2Gb mese flat         Luca Rossi
8Gb mese flat         Davide Verdi
2Gb mese flat         Marco Gialli
1Gb mese flat         Vittorio Grigi

6 righe selezionate.
```

La clausola LATERAL è supportata a partire da Oracle 12c ed in questo scenario è equivalente alla CROSS APPLY.

La differenza è che la LATERAL può essere utilizzata solo con una subquery mentre la CROSS APPLY anche con altro, una table function, ad esempio.

Creiamo un tipo che ricalca il record della tabella CLIENTI:

```
O12c>create or replace type
  2   t_cliente is object (
  3   nome varchar2(30),
  4   piano varchar2(3),
  5   comune varchar2(4));
  6  /
Tipo creato.
```

E poi un tipo che ricalca l'intera tabella CLIENTI:

```
O12c>create or replace type
  2   t_clienti is table of t_cliente;
  3  /
Tipo creato.
```

Definiamo una TABLE FUNCTION che, ricevuto in input un codice di piano, restituisca i clienti che lo hanno sottoscritto:

```
O12c>create or replace function tab_cli(p_piano in varchar2)
  2    return t_clienti is
  3    cli t_clienti;
  4    begin
  5      select t_cliente(nome,piano,comune)
  6        bulk collect into cli
  7        from clienti
  8      where piano=p_piano;
  9
 10      return cli;
 11    end;
 12    /

Funzione creata.

O12c>select * from table(tab_cli('P2G'));

NOME                              PIA COMU
----------------------------      --- ----
Gianni Bianchi                    P2G L219
Luca Rossi                        P2G H501
Marco Gialli                      P2G F839
```

A questo punto, la CROSS APPLY si può utilizzare pure su questa TABLE FUNCTION:

```
O12c>Select p.descr, v.nome
  2    from piani p CROSS APPLY table(tab_cli(p.codice)) v;

DESCR                  NOME
-------------------    ------------------------------
1Gb mese flat          Vittorio Grigi
2Gb mese flat          Gianni Bianchi
2Gb mese flat          Luca Rossi
2Gb mese flat          Marco Gialli
8Gb mese flat          Stefano Neri
8Gb mese flat          Davide Verdi

6 righe selezionate.
```

Mentre la LATERAL vuole per forza una SELECT:

```
O12c>Select p.descr, v.nome
  2    from piani p, LATERAL(table(tab_cli(p.codice))) v;
from piani p, LATERAL(table(tab_cli(p.codice))) v
                           *
ERRORE alla riga 2:
ORA-00928: parola chiave SELECT mancante
```

5.1.5 Pattern matching di righe

In Oracle 12c è stata aggiunta, nel comando SELECT, la clausola MATCH_RECOGNIZE.

Si tratta di un costrutto molto potente e complesso che consente di ricercare una regola (pattern) in una sequenza di record letti.

La clausola MATCH_RECOGNIZE è basata sui seguenti elementi:

Consente di partizionare ed ordinare i record letti dal DB utilizzando le parole chiave PARTITION BY e ORDER BY.

Consente di definire delle misure, cioè espressioni calcolate utilizzabili in altre parti della clausola, utilizzando la parola chiave MEASURES.

Consente di definire i pattern da ricercare nei record letti mediante la parola chiave PATTERN. In questa parola chiave si fa uso della stessa sintassi delle espressioni regolari.

Consente di specificare le condizioni logiche che devono essere verificate per confrontare un record con un pattern utilizzando la clausola DEFINE.

Vediamo un esempio.

Abbiamo una tabella ANDAMENTO contenente i punti realizzati, giornata per giornata, dalle squadre di un campionato di calcio.

La tabella è fatta così:

```
O12c>create table andamento
  2   (squadra varchar2(10),
  3    giornata number(2),
  4    punti number(1));

Tabella creata.

O12c>desc andamento
 Nome                                      Nullo?   Tipo
 ----------------------------------------- -------- ---------------
 SQUADRA                                            VARCHAR2(10)
 GIORNATA                                           NUMBER(2)
 PUNTI                                              NUMBER(1)
```

E contiene questi dati:

```
insert into andamento values ('JUVE',1,3);
insert into andamento values ('JUVE',2,3);
insert into andamento values ('JUVE',3,3);
insert into andamento values ('JUVE',4,1);
insert into andamento values ('JUVE',5,3);
insert into andamento values ('JUVE',6,3);
insert into andamento values ('JUVE',7,1);
insert into andamento values ('JUVE',8,0);
```

```
insert into andamento values ('JUVE',9,1);
insert into andamento values ('JUVE',10,3);
insert into andamento values ('JUVE',11,3);
insert into andamento values ('JUVE',12,0);
insert into andamento values ('JUVE',13,1);
insert into andamento values ('JUVE',14,3);
insert into andamento values ('JUVE',15,3);
insert into andamento values ('JUVE',16,0);
insert into andamento values ('JUVE',17,0);
insert into andamento values ('JUVE',18,1);
insert into andamento values ('JUVE',19,3);
insert into andamento values ('NAPOLI',1,3);
insert into andamento values ('NAPOLI',2,3);
insert into andamento values ('NAPOLI',3,0);
insert into andamento values ('NAPOLI',4,1);
insert into andamento values ('NAPOLI',5,3);
insert into andamento values ('NAPOLI',6,3);
insert into andamento values ('NAPOLI',7,3);
insert into andamento values ('NAPOLI',8,0);
insert into andamento values ('NAPOLI',9,3);
insert into andamento values ('NAPOLI',10,3);
insert into andamento values ('NAPOLI',11,1);
insert into andamento values ('NAPOLI',12,1);
insert into andamento values ('NAPOLI',13,3);
insert into andamento values ('NAPOLI',14,3);
insert into andamento values ('NAPOLI',15,3);
insert into andamento values ('NAPOLI',16,3);
insert into andamento values ('NAPOLI',17,1);
insert into andamento values ('NAPOLI',18,1);
insert into andamento values ('NAPOLI',19,3);

O12c>select * from andamento
  2  order by squadra, giornata;

SQUADRA      GIORNATA       PUNTI
---------- ---------- ----------
JUVE                1          3
JUVE                2          3
JUVE                3          3
JUVE                4          1
JUVE                5          3
JUVE                6          3
JUVE                7          1
JUVE                8          0
JUVE                9          1
JUVE               10          3
JUVE               11          3
JUVE               12          0
JUVE               13          1
JUVE               14          3
JUVE               15          3
JUVE               16          0
JUVE               17          0
JUVE               18          1
JUVE               19          3
NAPOLI              1          3
NAPOLI              2          3
NAPOLI              3          0
```

```
NAPOLI              4              1
NAPOLI              5              3
NAPOLI              6              3
NAPOLI              7              3
NAPOLI              8              0
NAPOLI              9              3
NAPOLI             10              3
NAPOLI             11              1
NAPOLI             12              1
NAPOLI             13              3
NAPOLI             14              3
NAPOLI             15              3
NAPOLI             16              3
NAPOLI             17              1
NAPOLI             18              1
NAPOLI             19              3

38 righe selezionate.
```

Ci proponiamo di analizzare l'andamento delle squadre determinando per ognuna i periodi di crisi, cioè quelli in cui per una o più partite consecutive non sono arrivate vittorie.

Per ogni periodo di crisi vogliamo evidenziare la prima giornata, l'ultima e quella in cui la squadra ha ottenuto il risultato peggiore.

```
O12c>select *
  2  from andamento match_recognize (
  3  partition by squadra
  4  order by giornata
  5  measures r1.giornata+1 as inizio,
  6          last(peggio.giornata) as giornata_basso,
  7          last(meglio.giornata)-1 as fine
  8  pattern (r1 peggio+ meglio+)
  9  define
 10     peggio as peggio.punti <= prev(peggio.punti)
 11             and peggio.punti<3,
 12     meglio as meglio.punti > prev(meglio.punti)
 13             and prev(meglio.punti)<3
 14  ) mr
 15  order by mr.squadra, mr.inizio;

SQUADRA         INIZIO GIORNATA_BASSO       FINE
---------       ------ --------------       ----
JUVE                 4              4          4
JUVE                 7              8          9
JUVE                12             12         13
JUVE                16             17         18
NAPOLI               3              3          4
NAPOLI               8              8          8
NAPOLI              11             12         12
NAPOLI              17             18         18

8 righe selezionate.
```

La parola chiave PARTITION indica di partizionare i dati per squadra.

```
3  partition by squadra
```

La parola chiave ORDER BY indica di orinare i dati (all'interno della partizione) per giornata.

```
4  order by giornata
```

Poi definiamo le tre misure. L'inizio della crisi, la giornata in cui si è toccato il fondo, l'ultima giornata della crisi. Per capire bene come sono state definite bisogna vedere il pattern ricercato e le definizioni.

```
5  measures r1.giornata+1 as inizio,
6           last(peggio.giornata) as giornata_basso,
7           last(meglio.giornata)-1 as fine
```

Il pattern ricercato è (r1 peggio+ meglio+). Vuol dire che, scorrendo i record, cominciamo da un certo record r1, poi vogliamo uno o più record di tipo "peggio" e poi uno o più record di tipo "meglio".

```
8  pattern (r1 peggio+ meglio+)
```

Questa è la nostra definizione di crisi: si parte da una certa situazione, poi si va sempre peggio e si esce dalla crisi quando si va meglio.

Nella parola chiave DEFINE si definisce che vuol dire, per noi, "peggio" e "meglio": "peggio" vuol dire che i punti sono minori o uguali della giornata precedente e sono meno di tre (la squadra non ha vinto e non ha neanche fatto più punti della giornata precedente); "meglio" vuol dire che i punti sono maggiori o uguali della giornata precedente e la giornata precedente non era una vittoria.

```
9  define
10    peggio as peggio.punti <= prev(peggio.punti)
11           and peggio.punti<3,
12    meglio as meglio.punti > prev(meglio.punti)
13           and prev(meglio.punti)<3
```

A questo punto le misure sono più chiare. Per come abbiamo definito il peggioramento, esso comincia con una vittoria. Per come abbiamo definito il miglioramento esso finisce con una vittoria.

Di conseguenza la prima e l'ultima giornata della crisi sono l'inizio del peggioramento+1

```
r1.giornata+1 as inizio
```

e la fine del miglioramento -1

```
last(meglio.giornata)-1
```

Il fondo della crisi è l'ultima giornata del peggioramento:

```
last(peggio.giornata)
```

Rivedendo i dati estratti:

```
SQUADRA           INIZIO  GIORNATA_BASSO    FINE
----------        ------  --------------    ------
JUVE                 4           4             4
```

```
JUVE          7          8          9
JUVE         12         12         13
JUVE         16         17         18
NAPOLI        3          3          4
NAPOLI        8          8          8
NAPOLI       11         12         12
NAPOLI       17         18         18
```

La Juve ha avuto una difficoltà alla quarta giornata, poi tre turni difficili tra la settima e la non giornata (con momento peggiore, una sconfitta, all'ottava) e così via...

Indovinate per chi faccio il tifo:

```
O12c>select squadra, sum(punti)
  2   from andamento
  3   group by squadra
  4   order by sum(punti) desc;

SQUADRA    SUM(PUNTI)
---------- ----------
NAPOLI             41
JUVE               35
```

Ma è solo il girone d'andata...

5.2 PL/SQL

5.2.1 RESULT_CACHED ed AUTHID CURRENT_USER

Fino ad Oracle 11g una funzione non poteva contemporaneamente avere il risultato gestito in cache (clausola RESULT_CACHED) ed girare con i diritti dell'utente corrente (clausola AUTHID CURRENT_USER):

```
SQL >create table pippo as select 1 x from dual;

Table created.

SQL >create or replace function test_cached
  2    return number
  3    AUTHID CURRENT_USER
  4    result_cache relies_on(pippo)
  5    is
  6    ret number;
  7   begin
  8     select x into ret from pippo;
  9     return ret;
 10   end;
 11   /

Warning: Function created with compilation errors.

SQL >sho err
Errors for FUNCTION TEST_CACHED:
```

```
LINE/COL  ERROR
--------  ----------------------------------------------------------
0/0       PL/SQL: Compilation unit analysis terminated
1/10      PLS-00999: implementation restriction (may be temporary)
          RESULT_CACHE is disallowed on subprograms in
          Invoker-Rights modules
```

Questo limite è stato superato in Oracle 12c. È possibile definire una funzione che metta in cache il risultato e contemporaneamente giri coi diritti dell'utente che la invoca, non con i diritti dell'utente che la definisce:

```
O12c>create table pippo as select 1 x from dual;

Tabella creata.

O12c>create or replace function test_cached
  2   return number
  3   AUTHID CURRENT_USER
  4   result_cache relies_on(pippo)
  5   is
  6   ret number;
  7   begin
  8     select x into ret from pippo;
  9     return ret;
 10   end;
 11   /

Funzione creata.
```

5.2.2   Oggetti LIBRARY

Gli oggetti LIBRARY sono stati aggiunti in Oracle 11gR2 per consentire, in PL/SQL, di fare riferimento ad una libreria esterna, ad esempio una DLL.

In Oracle 11gR2 ci si limitava a definire il nome dell'oggetto library ed il file corrispondente nel sistema operativo:

```
SQL >create or replace library test_lib is
  2   'c:\windows\system32\test.dll';
  3   /

Library created.
```

In Oracle 12c il comando di definizione delle LIBRARY è stato molto migliorato.

Innanzitutto è possibile evitare di esplicitare un path di sistema operativo facendo riferimento ad un oggetto DIRECTORY:

```
O12c>create or replace directory lib_dir as
  2   'c:\windows\system32';

Creata directory.
```

101

```
O12c>create or replace library test_lib is
  2    'test.dll' in lib_dir;
  3  /

Creata libreria.
```

Questo migliora di molto la gestione perché i path espliciti sono gestiti centralmente negli oggetti DIRECTORY.

La seconda novità è l'aggiunta opzionale delle parole chiave EDITIONABLE (default) o NONEDITIONABLE. Nel primo caso la library è versionabile, dunque può essere gestita mediante Edition-Base redefinition.

L'ultima novità riguarda la sicurezza. Una library può essere associata ad un oggetto CREDENTIAL in modo che il programma associato alla library sia eseguito utilizzando un utente di sistema operativo differente da quello che ha installato Oracle. In assenza di questa clausola, il programma esterno associato alla libreria è eseguito con l'utente che ha installato Oracle, questo obbliga ad abbassare i livelli di sicurezza concedendo ampi diritti d'esecuzione sul programma.

```
O12c>EXEC DBMS_CREDENTIAL.CREATE_CREDENTIAL
('test_cred','souser','pwd')

Procedura PL/SQL completata correttamente.

O12c>create or replace library test_lib is
  2    'test.dll' in lib_dir CREDENTIAL test_cred;
  3  /
Creata libreria.
```

5.2.3   La clausola ACCESSIBLE BY

In Oracle 12c è possibile indicare, a fronte di un programma PL/SQL, quali sono gli altri programmi PL/SQL che lo possono utilizzare. Facciamo un esempio.

La funzione TEST_WL, di seguito definita, può essere utilizzata solo dalle due program unit TEST_CALL_1 e TEST_CALL_2, la TEST_CALL_3 non ne può fare uso:

```
O12c>create or replace function test_wl return number
  2    ACCESSIBLE BY (test_call_1, test_call_2) is
  3  begin
  4    return 1;
  5  end;
  6  /
Funzione creata.

O12c>create or replace function test_call_1 return number is
  2  begin
  3    return test_wl;
  4  end;
```

```
    5   /
Funzione creata.

O12c>create or replace procedure test_call_2 is
    2   a number;
    3   begin
    4      a:=test_wl;
    5   end;
    6   /

Procedura creata.

O12c>create or replace function test_call_3 return number is
    2   begin
    3      return test_wl;
    4   end;
    5   /

Avvertimento: funzione creata con errori di compilazione.

O12c>sho err
Errori in FUNCTION TEST_CALL_3:

LINE/COL   ERROR
--------   ----------------------------------------------------------
3/3        PL/SQL: Statement ignored
3/10       PLS-00904: privilegio non sufficiente per avere accesso
           a oggetto TEST_WL
```

5.2.4   DBMS_UTILITY.EXPAND_SQL_TEXT

La procedura DBMS_UTILITY.EXPAND_SQL_TEXT riceve in input una query che fa riferimento a viste e restituisce una query equivalente che fa riferimento solo a tabelle.

Creiamo una vista, utilizzando tabelle definite per altri esempi

```
O12c>create view test_view as
    2   select x.descr piano, x.nome , count(c.nome) clienticomune
    3   from (select descr, nome, co.codice comune, p.codice piano
    4         from comuni co, piani p) x,
    5        clienti c
    6   where x.comune=c.comune(+)
    7   and x.piano=c.piano(+)
    8   group by x.descr, x.nome;
Vista creata.
```

Scriviamo una query su questa vista

```
O12c>Select *
    2   from test_view v, piani p
    3   where v.piano=p.codice
    4   and rownum<3
    5   ;
Nessuna riga selezionata
```

Poi utilizziamo la EXPAND_SQL_TEXT per vedere la query riscritta con sole tabelle:

```
O12c>var c clob;
O12c>
O12c>exec dbms_utility.expand_sql_text('Select * from test_view v,
piani p where v.piano=p.codice and rownum<3', :c)

Procedura PL/SQL completata correttamente.

O12c>print c;

C
-----------------------------------------------------------------
SELECT "A2"."PIANO" "PIANO","A2"."NOME"
"NOME","A2"."CLIENTICOMUNE" "CLIENTICOMUNE","A1"."CODICE"
"CODICE","A1"."DESCR" "DESCR" FROM  (SELECT "A4"."DESCR"
"PIANO","A4"."NOME" "NOME",COUNT("A3"."NOME") "CLIENTICOMUNE" FROM
(SELECT "A5"."DESCR" "DESCR","A6"."NOME" "NOME","A6"."CODICE"
"COMUNE","A5"."CODICE" "PIANO" FROM CORSO."COMUNI"
"A6",CORSO."PIANI" "A5") "A4",CORSO."CLIENTI" "A3" WHERE
"A4"."COMUNE"="A3"."COMUNE"(+) AND "A4"."PIANO"="A3"."PIANO"(+)
GROUP BY "A4"."DESCR","A4"."NOME") "A2","CORSO"."PIANI" "A1" WHERE
"A2"."PIANO"="A1"."CODICE" AND ROWNUM<3
```

5.2.5   Il Package UTL_CALL_STACK

Già nelle precedenti versioni di Oracle era possibile visualizzare la pila di chiamate in PL/SQL utilizzando la procedura FORMAT_CALL_STACK del package DBMS_UTILITY.

Per i nostri esempi utilizzeremo una procedura A, che chiama una procedura B, che chiama una procedura C, che chiama una procedura D.

La procedura D visualizza la pila di chiamate PL/SQL chiamando la procedura DOVE_SONO:

```
O12c>create or replace procedure dove_sono is
  2  begin
  3    dbms_output.put_line(
  4        dbms_utility.format_call_stack);
  5  end;
  6  /
Procedura creata.

O12c>create or replace procedure d is
  2  begin
  3    dove_sono;
  4  end;
  5  /
Procedura creata.

O12c>create or replace procedure c is
  2  begin
  3    d;
  4  end;
```

```
    5  /
Procedura creata.

O12c>create or replace procedure b is
    2  begin
    3    c;
    4  end;
    5  /
Procedura creata.

O12c>create or replace procedure a is
    2  begin
    3    b;
    4  end;
    5  /
Procedura creata.
```

Quindi, sia nelle precedenti versioni che in Oracle 12c possiamo vedere l'effetto di questa sequenza di chiamate:

```
O12c>set serverout on
O12c>exec a
----- PL/SQL Call Stack -----
  object      line  object
  handle      number name
000007FF571C60F0       3   procedure CORSO.DOVE_SONO
000007FF55CEA560       3   procedure CORSO.D
000007FF556AC708       3   procedure CORSO.C
000007FF26FB68C0       3   procedure CORSO.B
000007FF26FB6690       3   procedure CORSO.A
000007FF57145360       1   anonymous block
```

Il risultato è abbastanza chiaro per un lettore umano ma presenta un problema se deve essere letto da un programma.

In tal caso infatti sarebbe necessario utilizzare un parser di questa unica stringa restituita da FORMAT_CALL_STACK, con tutti i problemi di stabilità e portabilità tra versioni che ne conseguirebbero.

Però c'è anche un altro problema. Ripetiamo l'esempio precedente ma questa volta le procedure A, B, C e D sono racchiuse in un package:

```
O12c>create package mypack is
    2    procedure a;
    3  end;
    4  /
Package creato.

O12c>create or replace package body mypack is
    2    procedure d is
    3    begin
    4      dove_sono;
    5    end;
```

```
  6
  7   procedure c is
  8   begin
  9     d;
 10   end;
 11
 12   procedure b is
 13   begin
 14     c;
 15   end;
 16
 17   procedure a is
 18   begin
 19     b;
 20   end;
 21
 22 end;
 23 /

Creato package body.

O12c>exec mypack.a
----- PL/SQL Call Stack -----
  object      line  object
  handle    number  name
000007FF571C60F0       3  procedure CORSO.DOVE_SONO
000007FF264A3370       4  package body CORSO.MYPACK
000007FF264A3370       9  package body CORSO.MYPACK
000007FF264A3370      14  package body CORSO.MYPACK
000007FF264A3370      19  package body CORSO.MYPACK
000007FF57864958       1  anonymous block

Procedura PL/SQL completata correttamente.
```

Non è più chiaro per niente! Le procedure non vengono distinte tra loro ma rappresentate tutte come elementi della stessa program unit, il package, con la sola distinzione del numero di linea.

Questi limiti rendono scarsamente utilizzabile la procedura FORMAT_CALL_STACK.

Il nuovo package UTL_CALL_STACK, disponibile da Oracle 12c, consente di ottenere tutti i singoli elementi che compongono lo stack delle chiamate attuale in un programma PL/SQL.

In questo modo possiamo costruirci l'output come più ci piace e non abbiamo difficoltà nemmeno se dobbiamo interpretarlo con un programma anziché fornirlo in visualizzazione ad un essere umano.

Ridefiniamo quindi la procedura DOVE_SONO:

```
O12c>create or replace procedure DOVE_SONO is
  2   liv_max number := utl_call_stack.Dynamic_Depth;
  3   begin
  4     dbms_output.put_line ('-------------------------------');
  5     dbms_output.put_line ('Ecco dove sono:');
  6     dbms_output.put_line ('-------------------------------');
```

```
7       for i in reverse 1..liv_max loop
8         DBMS_Output.Put_Line(
9           lpad('.',liv_max-i+1,'.')||
10          utl_call_stack.Concatenate_Subprogram
11                  (utl_call_stack.Subprogram(i))||
12          '(linea '||utl_call_stack.Unit_Line(i)||')'
13        );
14      end loop;
15   end;
16   /
Procedura creata.

O12c>exec mypack.a
-----------------------------
Ecco dove sono:
-----------------------------
.__anonymous_block(linea 1)
..MYPACK.A(linea 19)
...MYPACK.B(linea 14)
....MYPACK.C(linea 9)
.....MYPACK.D(linea 4)
......DOVE_SONO(linea 8)

Procedura PL/SQL completata correttamente.
```

La funzione DYNAMIC_DEPTH restituisce la profondità totale della pila di chiamate, in questo caso ci sono sei chiamate, quindi LIV_MAX vale sei.

La maggior parte delle funzioni del package UTL_CALL_STACK richiede in input il livello della pila a cui siamo interessati e restituisce alcune informazioni relative alla chiamata che si trova a quel livello nella pila.

Il livello uno è quello dell'ultima chiamata, quella più profonda. Nel nostro caso il livello sei corrisponde alla prima chiamata, quella fatta dal blocco anonimo per chiamare la procedura MYPACK.A.

Di conseguenza, nel loop, poiché vogliamo rappresentare l'albero delle chiamate a partire dalla chiamata esterna (livello sei) e finire con DOVE_SONO (livello uno), dobbiamo scorrere l'indice in modalità REVERSE: da sei ad uno.

All'interno del LOOP utilizziamo tre funzioni del package:

- UNIT_LINE che restituisce la linea di codice a cui avviene la chiamata che nella pila si trova al livello "i".

- SUBPROGRAM che restituisce un array contenente tutte le informazioni sulla program unit che si trova al livello "i" nella pila.

- CONCATENATE_SUBPROGRAM che, ricevuto in input l'array restituito dalla funzione SUBPROGRAM, lo formatta in una stringa separata da punti.

Con la funzione LPAD facciamo il resto, mettendo alcuni puntini a sinistra in funzione della profondità della chiamata.

5.2.6 Parametro SCHEMA in DBMS_SQL.PARSE

In Oracle 11g facciamo un esempio di funzione che utilizza SQL dinamico:

```
CREATE OR REPLACE FUNCTION test_parse return number is
    cursor_name INTEGER;
    r INTEGER;
    outvar number;
BEGIN
    cursor_name := dbms_sql.open_cursor;
    DBMS_SQL.PARSE(cursor_name, 'select x from pippo',
DBMS_SQL.NATIVE);
    DBMS_SQL.DEFINE_COLUMN(CURSOR_NAME,1,outvar);
    r := DBMS_SQL.EXECUTE(cursor_name);
    if DBMS_SQL.FETCH_ROWS(CURSOR_NAME)>0 then
        DBMS_SQL.COLUMN_VALUE(CURSOR_NAME, 1, outvar);
    end if;
    DBMS_SQL.CLOSE_CURSOR(cursor_name);
    return outvar;
END;
/
```

La funzione TEST_PARSE ritorna il valore del campo X nell'unico record presente nella tabella PIPPO (utilizzata in un esempio precedente).

```
SQL >select test_parse from dual;

TEST_PARSE
----------
         2

SQL >select * from pippo;

         X
----------
         2
```

Che succede se la tabella PIPPO non esiste più nello schema in cui è definite la funzione TEST_PARSE, ma in un altro schema?

Utilizzando un utente che abbia privilegi da DBA eseguiamo i seguenti comandi:

```
DBA >create user testuser identified by testuser;

User created.
```

```
DBA >grant connect, resource to testuser;

Grant succeeded.

DBA >create table testuser.pippo (x number);

Table created.

DBA >insert into testuser.pippo values (3);

1 row created.

DBA >commit;

Commit complete.

DBA >grant select on testuser.pippo to corso;

Grant succeeded.

DBA >drop table corso.pippo;

Table dropped.
```

A questo punto torniamo all'utente solito: corso.

L'utente non ha più una tabella di nome PIPPO, quindi la funzione TEST_PARSE fallisce:

```
SQL >select test_parse from dual;
select test_parse from dual
       *
ERROR at line 1:
ORA-00942: table or view does not exist
ORA-06512: at "SYS.DBMS_SQL", line 1010
ORA-06512: at "CORSO.TEST_PARSE", line 7
```

La tabella PIPPO adesso è definita nello schema TESTUSER, quindi è a quella che bisogna fare riferimento. In Oracle 11g l'unico modo per rimediare era modificare la query dinamica utilizzata nella funzione aggiungendo lo schema:

```
CREATE OR REPLACE FUNCTION test_parse return number is
    cursor_name INTEGER;
    r INTEGER;
        outvar number;
BEGIN
    cursor_name := dbms_sql.open_cursor;
    DBMS_SQL.PARSE(cursor_name, 'select x from testuser.pippo',
DBMS_SQL.NATIVE);
    DBMS_SQL.DEFINE_COLUMN(CURSOR_NAME,1,outvar);
    r := DBMS_SQL.EXECUTE(cursor_name);
    if DBMS_SQL.FETCH_ROWS(CURSOR_NAME)>0 then
        DBMS_SQL.COLUMN_VALUE(CURSOR_NAME, 1, outvar);
    end if;
    DBMS_SQL.CLOSE_CURSOR(cursor_name);
        return outvar;
END;
```

```
/
SQL >select test_parse from dual;

TEST_PARSE
----------
         3
```

In Oracle 12c abbiamo invece a disposizione un nuovo parametro della procedura PARSE:

```
O12c>CREATE OR REPLACE FUNCTION test_parse return number is
  2      cursor_name INTEGER;
  3      r INTEGER;
  4    outvar number;
  5  BEGIN
  6      cursor_name := dbms_sql.open_cursor;
  7      DBMS_SQL.PARSE(cursor_name, 'select x from pippo',
  8      SCHEMA=>'TESTUSER');
  9      DBMS_SQL.DEFINE_COLUMN(CURSOR_NAME,1,outvar);
 10      r := DBMS_SQL.EXECUTE(cursor_name);
 11      if DBMS_SQL.FETCH_ROWS(CURSOR_NAME)>0 then
 12          DBMS_SQL.COLUMN_VALUE(CURSOR_NAME, 1, outvar);
 13      end if;
 14      DBMS_SQL.CLOSE_CURSOR(cursor_name);
 15    return outvar;
 16  END;
 17  /

Funzione creata.

O12c>select test_parse from dual;

TEST_PARSE
----------
         3
```

Anche se nella query la tabella PIPPO non è qualificata con lo schema a cui appartiene, Oracle la risolve nello schema di TESTUSER, non nello schema di CORSO.

5.2.7   Funzioni e clausola WITH

In Oracle 12c è possibile definire una funzione "al volo" nella clausola WITH di una query:

```
O12c>WITH
  2    FUNCTION somma(a number, b number) RETURN number IS
  3      BEGIN
  4        RETURN a+b;
  5      END;
  6    SELECT somma(3,4) from dual;
  7  /

SOMMA(3,4)
----------
         7
```

Questo consente di evitare di creare una funzione sul db se essa deve essere utilizzata solo localmente in una specifica query.

Anche le performance sono migliori visto che Oracle non deve recuperare la definizione della funzione dal dizionario.

5.2.8 Datatype PL/SQL in SQL dinamico

Fino ad Oracle11g R2 c'era un limite all'utilizzo dei tipi di dato specifici del PL/SQL nell'SQL dinamico.

Facciamo un esempio definendo la funzione seguente TOBIT che riceve in input un BOOLEAN e restituisce 1 o 0:

```
create or replace function tobit (p in boolean) return number is
begin
  if p then
    return 1;
  end if;
  return 0;
end;
/
```

Se la invochiamo in PL/SQL dinamico senza utilizzare binding della variabile booleana non ci sono problemi:

```
SQL >set serverout on

SQL >declare
  2   b number;
  3   begin
  4     execute immediate
  5       'begin :1 := tobit(TRUE); end;' using out b;
  6     dbms_output.put_line('b='||b);
  7   end;
  8   /
b=1

PL/SQL procedure successfully completed.
```

Se, invece, proviamo a fare binding della variabile Booleana, su Oracle11g otteniamo questo errore:

```
SQL >declare
  2   b number;
  3   bool boolean:=TRUE;
  4   begin
  5     execute immediate
  6       'begin :1 := tobit(:2); end;' using out b,bool;
  7     dbms_output.put_line('b='||b);
  8   end;
  9   /
  'begin :1 := tobit(:2); end;' using out b,bool;
                                              *
ERROR at line 6:
ORA-06550: line 6, column 45:
```

```
PLS-00457: expressions have to be of SQL types
ORA-06550: line 5, column 3:
PL/SQL: Statement ignored
```

Oracle ci sta dicendo che, nonostante il fatto che il blocco di codice chiamato dinamicamente sia PL/SQL, una variabile di tipo boolean non può essere passata in binding. In pratica Oracle si comporta come se il blocco chiamato dinamicamente fosse SQL (che non sa gestire il tipo di dati boolean), non PL/SQL.

In Oracle 12c questo limite è stato rimosso:

```
O12c>create or replace function tobit (p in boolean) return number is
  2  begin
  3    if p then
  4      return 1;
  5    end if;
  6    return 0;
  7  end;
  8  /

Funzione creata.

O12c>declare
  2    b number;
  3    bool boolean:=TRUE;
  4  begin
  5    execute immediate
  6    'begin :1 := tobit(:2); end;' using out b,bool;
  7    dbms_output.put_line('b='||b);
  8  end;
  9  /
b=1

Procedura PL/SQL completata correttamente.
```

6 Performance Tuning

Anche in ambito performance tuning Oracle 12c ha introdotto numerose nuove funzionalità.

6.1 Implementazioni a DBMS_STATS

6.1.1 Statistiche su gruppi di colonne

Già su Oracle11g era possibile collezionare statistiche su gruppi di colonne utilizzando la procedura CREATE_EXTENDED_STATS del package DBMS_STATS. In Oracle 12c è stata introdotta una funzionalità che automaticamente determina quali gruppi di colonne potrebbero essere buoni candidati per la raccolta delle statistiche.

L'identificazione dei gruppi di colonne candidate può essere effettuata mediante la nuova procedura SEED_COL_USAGE, che avvia una sessione di monitoraggio, e con la funzione REPORT_COL_USAGE che, a fine monitoraggio, crea un rapporto sui column group candidati.

Cominciamo avviando l'attività di raccolta delle statistiche:

```
O12c>BEGIN
  2     DBMS_STATS.SEED_COL_USAGE(null,null,300);
  3  END;
  4  /

Procedura PL/SQL completata correttamente.
```

Poi creiamo una tabella con tre colonne:

```
O12c>create table test_col
  2    (a number,
  3     b varchar2(10),
  4     c date);

Tabella creata.
```

E facciamo un po' di query sulle colonne A e C:

```
O12c>select count(0) from test_col
  2  where a>4 and c < sysdate+3;

  COUNT(0)
----------
         0

O12c>select * from test_col
  2  where a=33;

Nessuna riga selezionata

O12c>select * from test_col
  2  where c=sysdate;

Nessuna riga selezionata
```

A questo punto vediamo quali statistiche sono state raccolte da Oracle:

```
O12c>set long 5000
O12c>SELECT DBMS_STATS.REPORT_COL_USAGE(user, 'TEST_COL')
  2  from dual;

DBMS_STATS.REPORT_COL_USAGE(USER,'TEST_COL')
------------------------------------------------------------
LEGEND:
.......

EQ           : Used in single table EQuality predicate
RANGE        : Used in single table RANGE predicate
LIKE         : Used in single table LIKE predicate
NULL         : Used in single table is (not) NULL predicate
EQ_JOIN      : Used in EQuality JOIN predicate
NONEQ_JOIN   : Used in NON EQuality JOIN predicate
FILTER       : Used in single table FILTER predicate
JOIN         : Used in JOIN predicate
GROUP_BY     : Used in GROUP BY expression
...........................................................

###########################################################

COLUMN USAGE REPORT FOR CORSO.TEST_COL
......................................

1. A                                      : EQ RANGE
2. C                                      : EQ RANGE
###########################################################
```

A parte la legenda iniziale, Oracle osserva che, per la tabella TEST_COL, c'è stato un utilizzo delle colonne A e C, utilizzate in query sulla singola tabella in modalità EQ.

6.1.2 Raccolta in parallelo di statistiche

A partire da Oracle 11g release 11.2.0.2, le procedure GATHER_*_STATS di DBMS_STATS sono state abilitate alla raccolta delle statistiche su più tabelle lavorando in parallelo con più processi di raccolta.

In Oracle 12c è stata aggiunta la possibilità di raccogliere in parallelo le statistiche di diverse partizioni della stessa tabella. Per attivare il parallelismo bisogna impostare la preference CONCURRENT, utilizzando le procedure SET_GLOBAL_PREFS o SET_TABLE_PREFS, ad uno dei seguenti valori:

- 'MANUAL' – La concorrenza è abilitata solo per la raccolta manuale delle statistiche.

- 'AUTOMATIC': La concorrenza è abilitata solo per la raccolta automatica delle statistiche.

- 'ALL': La concorrenza è abilitata sia per la raccolta manuale che automatica delle statistiche.

- 'OFF': La concorrenza non è abilitata.

Nell'esempio seguente la proprietà CONCURRENT viene impostata al valore ALL a livello globale, quindi sarà valida per tutti gli schemi e tutte le tabelle.

```
O12c>Exec dbms_stats.set_global_prefs('CONCURRENT', 'ALL');
Procedura PL/SQL completata correttamente.
```

Fatto ciò, se tutti gli altri requisiti necessari alla parallelizzazione sono verificati, Oracle utilizzerà lo Job Scheduler per creare e gestire più processi di raccolta delle statistiche in parallelo anche tra diverse partizioni della stessa tabella.

Per la raccolta delle statistiche in parallelo Oracle utilizza altre utility di sistema: Job scheduler, Advanced queuing e Resource Manager. Di conseguenza perché sia possibile raccogliere statistiche in parallelo devono essere verificati alcuni prerequisiti:

- L'utente deve essere DBA o quantomeno disporre dei privilegi: CREATE JOB, MANAGE SCHEDULER, MANAGE ANY QUEUE.

- Il tablespace SYSAUX deve essere ONLINE, visto che lo scheduler scrive in quel tablespace.

- Il parametro di inizializzazione JOB_QUEUE_PROCESSES deve essere impostato almeno a 4.

- Il Resource Manager deve essere abilitato.

- Il processore della macchina deve essere in grado di elaborare più processi in parallelo.

Una volta verificati i prerequisiti si passa alla raccolta delle statistiche.

```
O12c>exec dbms_stats.gather_schema_stats('CORSO')

Procedura PL/SQL completata correttamente.
```

Per verificare quali task sono stati attivati eseguiamo una query sulla tabella DBA_OPTSTAT_OPERATION_TASKS, tenendo presente che il campo JOB_NAME è popolato solo per task di raccolta delle statistiche realizzati mediante scheduler.

```
O12c>select job_name,
  2         TO_CHAR(min(START_TIME),'hh24:mi:ss.ff3') inizio,
  3         TO_CHAR(max(end_time),'hh24:mi:ss.ff3') fine
  4  from DBA_OPTSTAT_OPERATION_TASKS
  5  where job_name is not null
  6  and start_time>trunc(sysdate)
  7  group by job_name;

JOB_NAME                    INIZIO          FINE
--------------------        ------------    ------------
ST$SD248_2_B9               17:04:41.587    17:04:43.053
ST$SD248_1_B30              17:04:41.587    17:04:47.928
```

Oracle ha avviato due job distinti: ST$SD248_1_B30 e ST$SD248_2_B9 che, lavorando in parallelo, hanno raccolto le statistiche sui diversi oggetti del database.

6.1.3 Statistiche incrementali

Per le tabelle partizionate, l'ottimizzatore ha bisogno di statistiche sia a livello dell'intera tabella che delle singole partizioni.

Per migliorare le performance nella fase di raccolta delle statistiche, a partire da Oracle 11g è stato introdotto il concetto di "statistiche incrementali". Quando si indica (esplicitamente perché non si tratta del default) che su una tabella partizionata si intendono raccogliere statistiche incrementali Oracle raccoglie solo le statistiche relative alle partizioni effettivamente modificate, invece di ripetere ogni volta un full table scan dell'intera tabella partizionata.

In Oracle 12c le statistiche incrementali sono state implementate per gestire correttamente anche il comando ALTER TABLE ... EXCHANGE PARTITION che è un modo molto veloce e comodo per creare partizioni ma, precedentemente, invalidava le statistiche incrementali e richiedeva comunque un full table scan, obbligando Oracle a ritornare anche sulle partizioni che non erano state toccate dal comando.

Facciamo un esempio. In Oracle 11gR2 definiamo una tabella non partizionata ed inseriamo 1000 record:

```
DBA >create table test_nopart (a number primary key, b
varchar2(30));

Tabella creata.

DBA >insert into test_nopart
  2   select level, 'riga numero '||level
  3   from dual
  4   connect by level <= 1000;

Create 1000 righe.
```

Poi creiamo una tabella partizionata uguale, con due partizioni:

```
DBA >create table test_part (a number primary key, b varchar2(30))
  2   partition by range (a)
  3   (partition partizione1 values less than (2000),
  4    partition partizione2 values less than (maxvalue));

Tabella creata.
```

Inseriamo 500 righe nella partizione2, lasciando vuota la prima:

```
DBA >insert into test_part
  2   select level+3000, 'riga numero '||level
  3   from dual
  4   connect by level <= 500;

Create 500 righe.
```

Raccogliamo le statistiche su entrambe e verifichiamo l'esito della raccolta:

```
DBA >EXEC DBMS_STATS.gather_table_stats(USER, 'TEST_NOPART',
cascade => TRUE);

Procedura PL/SQL completata correttamente.

DBA >EXEC DBMS_STATS.gather_table_stats(USER, 'TEST_PART', cascade
=> TRUE);

Procedura PL/SQL completata correttamente.

DBA >
DBA >SELECT table_name, to_char(last_analyzed, 'HH24:MI:SS')
stat_alle, num_rows
  2   FROM    user_tables
  3   WHERE   table_name like 'TEST%PART';

TABLE_NAME                      STAT_ALL   NUM_ROWS
------------------------------  --------   --------
TEST_NOPART                     19:47:55       1000
TEST_PART                       19:47:55        500
```

```
DBA >SELECT    partition_name, to_char(last_analyzed,
'HH24:MI:SS') stat_alle, num_rows
  2  FROM      user_tab_partitions
  3  WHERE     table_name like 'TEST%PART'
  4  ORDER BY partition_position;

PARTITION_NAME                       STAT_ALL    NUM_ROWS
------------------------------       --------    ----------
PARTIZIONE1                          19:47:55           0
PARTIZIONE2                          19:47:55         500
```

Attiviamo le statistiche incrementali su entrambe:

```
DBA >EXEC DBMS_STATS.gather_table_stats(USER, 'TEST_NOPART',
cascade => TRUE);

Procedura PL/SQL completata correttamente.

DBA >EXEC DBMS_STATS.gather_table_stats(USER, 'TEST_PART', cascade
=> TRUE);

Procedura PL/SQL completata correttamente.
```

A questo punto scambiamo la partizione1 dalla tabella partizionata, con la tabella non partizionata:

```
DBA >ALTER TABLE test_part
  2  EXCHANGE PARTITION partizione1 WITH TABLE test_nopart;

Tabella modificata.
```

Raccogliamo nuovamente le statistiche sulla tabella partizionata e vediamo cosa è stato analizzato e quando:

```
DBA >EXEC DBMS_STATS.gather_table_stats(USER, 'TEST_PART', cascade
=> TRUE);

Procedura PL/SQL completata correttamente.

DBA >
DBA >SELECT table_name, to_char(last_analyzed, 'HH24:MI:SS')
stat_alle, num_rows
  2  FROM     user_tables
  3  WHERE    table_name like 'TEST%PART';

TABLE_NAME                           STAT_ALL    NUM_ROWS
------------------------------       --------    ----------
TEST_NOPART                          19:47:55           0
TEST_PART                            19:48:17        1500

DBA >SELECT    partition_name, to_char(last_analyzed,
'HH24:MI:SS') stat_alle, num_rows
  2  FROM      user_tab_partitions
  3  WHERE     table_name like 'TEST%PART'
  4  ORDER BY partition_position;

PARTITION_NAME                       STAT_ALL    NUM_ROWS
------------------------------       --------    ----------
PARTIZIONE1                          19:48:17        1000
PARTIZIONE2                          19:48:17         500
```

Come si vede dagli orari, sono state scandite nuovamente entrambe le partizioni, mentre solo la partizione 1 era interessata al comando EXCHANGE PARTITION. Quindi le statistiche incrementali non hanno funzionato.

Vediamo di seguito lo stesso esempio in Oracle 12c:

Prima di tutto creiamo e popoliamo le tabelle:

```
O12c>create table test_nopart (a number primary key, b
varchar2(30));

Tabella creata.

O12c>
O12c>insert into test_nopart
  2   select level, 'riga numero '||level
  3   from dual
  4   connect by level <= 1000;

1000 righe create.

O12c>
O12c>create table test_part (a number primary key, b varchar2(30))
  2   partition by range (a)
  3   (partition partizione1 values less than (2000),
  4    partition partizione2 values less than (maxvalue));

Tabella creata.

O12c>insert into test_part
  2   select level+3000, 'riga numero '||level
  3   from dual
  4   connect by level <= 500;

500 righe create.
```

Successivamente impostiamo i parametri necessari perché le statistiche siano raccolte in modalità incrementale.

```
O12c>exec dbms_stats.set_table_prefs(user,'TEST_PART',
                                    'INCREMENTAL','TRUE');

Procedura PL/SQL completata correttamente.

O12c>exec dbms_stats.set_table_prefs(user,'TEST_NOPART',
                                    'INCREMENTAL','TRUE');

Procedura PL/SQL completata correttamente.

O12c>--ATTENZIONE: SOLO SU ORACLE 12C
O12c>exec dbms_stats.set_table_prefs(user,'TEST_NOPART',
                                    'INCREMENTAL_LEVEL','TABLE');
```

In particolare, la proprietà INCREMENTAL_LEVEL è stata introdotta su Oracle 12c ed indica, impostata a TABLE, che si intendono calcolare le statistiche incrementali, sulla tabella non partizionata, a livello di tabella. Il default di questa proprietà è PARTITION che indica di non calcolare le statistiche incrementali sulle tabelle non partizionate.

A questo punto raccogliamo e leggiamo le statistiche su entrambe le tabelle:

```
O12c>EXEC DBMS_STATS.gather_table_stats(USER, 'TEST_NOPART',
cascade => TRUE);

Procedura PL/SQL completata correttamente.

O12c>EXEC DBMS_STATS.gather_table_stats(USER, 'TEST_PART', cascade
=> TRUE);

Procedura PL/SQL completata correttamente.

O12c>
O12c>SELECT table_name, to_char(last_analyzed, 'HH24:MI:SS')
stat_alle, num_rows
  2  FROM     user_tables
  3  WHERE    table_name like 'TEST%PART';

TABLE_NAME        STAT_ALL    NUM_ROWS
---------------   --------    ----------
TEST_NOPART       19:53:12        1000
TEST_PART         19:53:12         500

O12c>SELECT partition_name,
  2  to_char(last_analyzed, 'HH24:MI:SS') stat_alle, num_rows
  3  FROM        user_tab_partitions
  4  WHERE       table_name like 'TEST%PART'
  5  ORDER BY partition_position;

PARTITION_NAME    STAT_ALL    NUM_ROWS
---------------   --------    ----------
PARTIZIONE1       19:53:12           0
PARTIZIONE2       19:53:12         500
```

Effettuiamo lo scambio tra la partizione e la tabella non partizionata:

```
O12c>ALTER TABLE test_part
  2  EXCHANGE PARTITION partizione1 WITH TABLE test_nopart;
Tabella modificata.
```

Raccogliamo di nuovo le statistiche sulla tabella partizionata e verifichiamo il risultato:

```
O12c>EXEC DBMS_STATS.gather_table_stats(USER, 'TEST_PART',
       estimate_percent=>dbms_stats.AUTO_SAMPLE_SIZE,
       granularity=>'AUTO');

Procedura PL/SQL completata correttamente.

O12c>SELECT table_name,
  2  to_char(last_analyzed, 'HH24:MI:SS')   stat_alle, num_rows
  3  FROM     user_tables
  4  WHERE    table_name like 'TEST%PART';
```

```
TABLE_NAME        STAT_ALL    NUM_ROWS
---------------   --------    ----------
TEST_NOPART       19:53:12           0
TEST_PART         19:53:18        1500

O12c>SELECT partition_name,
  2  to_char(last_analyzed, 'HH24:MI:SS') stat_alle, num_rows
  3  FROM       user_tab_partitions
  4  WHERE      table_name like 'TEST%PART'
  5  ORDER BY partition_position;


PARTITION_NAME    STAT_ALL    NUM_ROWS
---------------   --------    ----------
PARTIZIONE1       19:53:12        1000
PARTIZIONE2       19:53:12         500
```

Come si vede dagli orari, in questa raccolta Oracle ha ricalcolato solo le statistiche globali sulla tabella, senza ripetere lo scan delle partizioni, l'orario di raccolta delle statistiche sulle partizioni, infatti è rimasto quello della lettura precedente.

6.1.4 Nuovi tipi di istogramma

Oracle crea automaticamente degli istogrammi sulle colonne che presentano una certa asimmetria nei dati in modo da poter migliorare le stime della cardinalità. In Oracle 11gR2 erano presenti due tipi di istogramma, "Frequency histogram" (in cui ogni valore distinto della colonna corrisponde ad un rettangolo dell'istogramma) e "Height-Balanced histogram" (in cui in un rettangolo dell'istogramma vengono raccolti più valori della colonna in modo da livellare le altezze dei rettangoli). In Oracle 12c sono stati aggiunti due nuovi tipi di istogramma per le colonne che hanno più di 254 valori distinti.

Un istogramma di tipo "Top Frequency" viene utilizzato se un piccolo numero di valori distinti occupa più del 99% dei dati. Ignorando i valori rari, che non hanno significato statistico, si ottiene un istogramma di qualità migliore per i valori più frequenti.

Un istogramma di tipo ibrido è una combinazione di un istogramma di tipo "Fequency" e di uno di tipo "Height-Balanced". In pratica viene realizzato un *height-balanced* con l'accortezza di fare in modo che un singolo valore della colonna non possa cadere in rettangoli differenti dell'istogramma. Questo tipo di istogramma risponde meglio dell'*height-balanced* per i valori mediamente diffusi.

Giusto per verificare l'esistenza di questi istogrammi, raccogliamo le statistiche per l'intero database:

```
O12c>exec dbms_stats.gather_database_stats

Procedura PL/SQL completata correttamente.
```

E verifichiamo come le diverse tipologie di istogrammi sono state applicate:

```
O12c>select HISTOGRAM, count(0)
  2  from dba_tab_columns
  3  group by HISTOGRAM;

HISTOGRAM            COUNT(0)
---------------    ----------
FREQUENCY                 865
TOP-FREQUENCY               8
HYBRID                     79
NONE                   104631
```

6.1.5 Statistiche Online per caricamenti massivi

Con la raccolta Online delle statistiche, Oracle riesce ad aggiornare le informazioni per l'ottimizzatore automaticamente quando viene eseguito un caricamento massivo in tabella di tipo BULK LOAD. Le istruzione SQL che generano questo tipo di caricamento sono

- CREATE TABLE AS SELECT
- INSERT /*+APPEND */ INTO ... SELECT su una tabella vuota

Esempio. In Oracle 11gR2 creiamo una tabella:

```
SQL >create table test_online (a number, b varchar2(30));

Table created.
```

Raccogliamo le statistiche:

```
SQL >EXEC DBMS_STATS.gather_table_stats(USER, 'TEST_ONLINE',
cascade => TRUE);

PL/SQL procedure successfully completed.

SQL >select table_name, num_rows from user_tables where table_name
like 'TEST%';

TABLE_NAME                          NUM_ROWS
------------------------------    ----------
TEST_ONLINE                                0
```

Carichiamo un po' di record:

```
SQL >insert into test_online
  2    select level, 'riga numero '||level
  3    from dual
  4    connect by level<=1000;

1000 rows created.

SQL >select count(0) from test_online;

  COUNT(0)
----------
      1000
```

Poi creiamo anche una tabella con l'altra modalità:

```
SQL >create table test_online2 as
  2  select * from test_online;

Table created.
```

Le statistiche di entrambe non sono aggiornate:

```
SQL >SELECT table_name,
  2  to_char(last_analyzed, 'HH24:MI:SS') stat_alle, num_rows
  3  FROM    user_tables
  4  WHERE   table_name like 'TEST_ONLINE%';

TABLE_NAME                      STAT_ALL    NUM_ROWS
------------------------------  --------    ---------
TEST_ONLINE                     20:24:48           0
TEST_ONLINE2
```

In Oracle 12c, creiamo le tabelle per il bulk load, una partizionata ed una no, è ininfluente:

```
O12c>create table test_online (a number, b varchar2(30))
  2  partition by range (a)
  3  (partition partizione1 values less than (2000),
  4   partition partizione2 values less than (maxvalue));

Tabella creata.

O12c>create table test_online_nopart
  2  (a number, b varchar2(30));

Tabella creata.
```

Impostiamo a GATHER AUTO la preferenza globale OPTIONS, questa preferenza, nuova in Oracle 12c, dice ad Oracle di raccogliere le statistiche automaticamente:

```
O12c>EXEC DBMS_STATS.set_global_prefs('OPTIONS', 'GATHER AUTO');

Procedura PL/SQL completata correttamente.
```

Bulk load nelle due tabelle:

```
O12c>insert /*+ APPEND */ into test_online
  2  select level, 'riga numero '||level
  3  from dual
  4  connect by level<=1000;

1000 righe create.

O12c>insert /*+ APPEND */ into test_online_nopart
  2  select level, 'riga numero '||level
  3  from dual
  4  connect by level<=1000;

1000 righe create.
```

Creazione della tabella TEST_ONLINE2

```
O12c>create table test_online2 as
  2  select * from test_online;

Tabella creata.
```

Verifica delle statistiche:

```
O12c>SELECT table_name,
  2    to_char(last_analyzed, 'HH24:MI:SS')  stat_alle, num_rows
  3  FROM   user_tables
  4  WHERE  table_name like 'TEST_ONLINE%';

TABLE_NAME           STAT_ALL  NUM_ROWS
-------------------- --------- ----------
TEST_ONLINE_NOPART   21:18:20        1000
TEST_ONLINE2         21:18:20        1000
TEST_ONLINE          21:18:20        1000
```

Sono state correttamente calcolate automaticamente tutte le statistiche.

Attenzione al caso in cui la tabella non sia inizialmente vuota:

```
O12c>select count(0) from test_online;

  COUNT(0)
----------
      1000

O12c>insert /*+ APPEND */ into test_online
  2  select level, 'riga numero '||level
  3  from dual
  4  connect by level<=1000;

1000 righe create.

O12c>SELECT table_name,
  2    to_char(last_analyzed, 'HH24:MI:SS')  stat_alle, num_rows
  3  FROM   user_tables
  4  WHERE  table_name like 'TEST_ONLINE%';

TABLE_NAME           STAT_ALL  NUM_ROWS
-------------------- --------- ----------
TEST_ONLINE_NOPART   21:24:11        1000
TEST_ONLINE2         21:18:20        1000
TEST_ONLINE          21:18:20        1000
```

Le statistiche, in questo caso, non vengono ricalcolate online.

Avendo impostato la preferenza a livello globale, Oracle calcolerà sempre le statistiche automaticamente per tutti i Bulk load. Se vogliamo che Oracle non le raccolga per un'operazione specifica dobbiamo specificarlo in un HINT:

```
O12c>create table test_online3 as
  2  select /*+NO_GATHER_OPTIMIZER_STATISTICS */ * from test_online;

Tabella creata.
```

```
O12c>SELECT table_name,
  2    to_char(last_analyzed, 'HH24:MI:SS')   stat_alle, num_rows
  3    FROM     user_tables
  4    WHERE    table_name like 'TEST_ONLINE%';

TABLE_NAME              STAT_ALL    NUM_ROWS
--------------------    --------    ----------
TEST_ONLINE_NOPART      21:18:20    1000
TEST_ONLINE3
TEST_ONLINE2            21:18:20    1000
TEST_ONLINE             21:18:20    1000
```

In tutti i casi le statistiche online non includono

- Statistiche sugli indici
- Istogrammi

Se è necessario raccogliere anche queste statistiche bisognerà per forza utilizzare DBMS_STATS.GATHER_TABLE_STATS.

6.1.6 Statistiche sulle Global Temporary Table

Fino ad Oracle 11gR2, una GTT aveva un unico insieme di statistiche, anche se conservava, per definizione, dati differenti per ogni sessione. In Oracle 12c le GTT hanno statistiche differenziate per ogni sessione, migliorando di molto la scelta dei piani d'esecuzione dei comandi SQL che le coinvolgono.

Facciamo un esempio. In Oracle 11g, prima.

Apriamo una sessione sqlplus e, per non sbagliarci, impostiamo un prompt che ci ricordi che questa è la prima sessione:

```
SQL >set sqlprompt 'SES1>'
```

Creiamo una GTT che conservi i dati alla commit:

```
SES1>create global temporary table test_gtt (a number)
  2    on commit preserve rows;

Table created.
```

Inseriamo 100 righe nella GTT:

```
SES1>insert into test_gtt
  2    select level from dual connect by level<=100;

100 rows created.

SES1>commit;

Commit complete.
```

In tabella ci sono 100 righe, ma le statistiche non sono aggiornate:

```
SES1>select count(0) from test_gtt;

  COUNT(0)
----------
       100

SES1>select num_rows from user_tables where table_name='TEST_GTT';

  NUM_ROWS
----------
```

Allora aggiorniamo le statistiche e vediamo:

```
SES1>exec dbms_stats.gather_table_stats(user,'TEST_GTT')

PL/SQL procedure successfully completed.

SES1>select num_rows from user_tables where table_name='TEST_GTT';

  NUM_ROWS
----------
       100

SES1>select count(0) from test_gtt;

  COUNT(0)
----------
       100
```

Tutto ok, ci sono 100 righe, le statistiche riportano 100 righe.

A questo punto apriamo un'altra sessione:

```
SQL >set sqlprompt 'SES2>'

SES2>select count(0) from test_gtt;

  COUNT(0)
----------
         0

SES2>select num_rows from user_tables where table_name='TEST_GTT';

  NUM_ROWS
----------
       100
```

Ci sono zero righe in tabella ma le statistiche riportano sempre 100 righe. Questo perché, come detto, le statistiche sono globali e guardano la GTT come unico oggetto a cavallo di molteplici sessioni.

In Oracle 12c abbiamo la possibilità di impostare la preference GLOBAL_TEMP_TABLE_STATS al valore SESSION. In questo modo le statistiche saranno valide solo nella sessione.

Nella prima sessione, impostiamo a SESSION la preferenza e creiamo la tabella:

```
set sqlprompt '12S1>'

12S1>EXEC DBMS_STATS.set_global_prefs
        ('GLOBAL_TEMP_TABLE_STATS', 'SESSION');

Procedura PL/SQL completata correttamente.

12S1>
12S1>create global temporary table test_gtt (a number)
  2  on commit preserve rows;

Tabella creata.
```

Inseriamo 100 record:

```
12S1>insert into test_gtt
  2  select level from dual connect by level<=100;

100 righe create.
```

Raccogliamo le statistiche:

```
12S1>exec dbms_stats.gather_table_stats(user,'TEST_GTT')

Procedura PL/SQL completata correttamente.


12S1>select num_rows from dba_tab_statistics
  2  where table_name='TEST_GTT';

  NUM_ROWS
----------
       100
```

Sulla seconda sessione:

```
12S2>select count(0) from test_gtt;

  COUNT(0)
----------
         0

12S2>select num_rows from dba_tab_statistics
  2  where table_name='TEST_GTT';

  NUM_ROWS
----------
```

Le statistiche risultano non calcolate, anche se nell'altra sessione erano calcolate. Dunque inseriamo 200 record e calcoliamole:

```
12S2>insert into test_gtt
  2   select level from dual connect by level<=200;

200 righe create.

12S2>exec dbms_stats.gather_table_stats(user,'TEST_GTT')

Procedura PL/SQL completata correttamente.

12S2>select num_rows from dba_tab_statistics
  2   where table_name='TEST_GTT';

  NUM_ROWS
----------
       200
```

Adesso sono calcolate e riportano i dati corretti.

L'unico punto di attenzione è che le statistiche di sessione non vengono conservate nelle solite viste del dizionario, come USER_TABLES, perché condividono i record tra le varie sessioni.

Le statistiche di sessione possono essere consultate sulle viste:

- DBA_TAB_STATISTICS,
- DBA_IND_STATISTICS,
- DBA_TAB_HISTOGRAMS,
- DBA_TAB_COL_STATISTICS

E sulle relative ALL_ oppure USER_.

6.2 Statistiche aggiuntive

6.2.1 Adaptive Query Optimization

L'ottimizzatore, prima di scegliere il piano d'esecuzione migliore per una istruzione sql, effettua delle stime preliminari di alcuni parametri quantitativi. Può succedere che queste stime non siano sufficientemente precise e quindi che il piano scelto non sia il migliore possibile. La funzionalità "Adaptive query optimization" consente la correzione delle stime errate anche in corso d'opera, cioè durante l'esecuzione del piano prescelto. Il piano determinato in prima battuta, infatti, può essere stoppato durante l'esecuzione e ri-ottimizzato sulla base del ricalcolo effettivo dei parametri quantitativi. In pratica, se Oracle si accorge di essere arrivato a determinare un piano che non è il migliore possibile, si ferma e ne usa un altro. Viceversa, nelle precedenti versioni, portava sempre a completamento il primo che aveva scelto.

6.2.2 Statistiche dinamiche

Già in Oracle 10g ed 11g l'ottimizzatore ricorreva al *dynamic sampling* quando una delle tabelle coinvolte in una istruzione SQL era priva di statistiche. Il *dynamic sampling* consisteva nel calcolare "al volo" le statistiche per quella tabella basandosi su un campione dei dati.

In Oracle 12c il *dynamic sampling* si è evoluto nelle *dynamic statistics* ed è stato ampiamente potenziato. Durante la compilazione di un comando SQL, l'ottimizzatore può autonomamente decidere se le statistiche disponibili sono sufficienti oppure no per generare un buon piano d'esecuzione. In caso negativo l'ottimizzatore fa uso delle statistiche dinamiche. Queste sono persistenti, di conseguenza possono poi essere utilizzate da altre istruzioni SQL.

6.2.3 SQL Plan Directives

Come si è già accennato, l'ottimizzatore può decidere autonomamente di calcolare alcune statistiche aggiuntive oltre a quelle raccolte mediante DBMS_STATS. Ciò può avvenire durante la compilazione dell'istruzione SQL oppure durante la sua esecuzione.

Nelle precedenti versioni di Oracle, queste statistiche aggiuntive erano conservate nella cache del cursore e quindi andavano perse alla conclusione dell'istruzione.

Con l'introduzione delle SQL plan directives, le statistiche aggiuntive vengono scritte prima nella shared pool e poi, in modalità asincrona, sul disco nel tablespace SYSAUX. Queste direttive aggiuntive non sono legate alla specifica istruzione SQL, sono generiche e dunque facilmente riusabili. Ciò consente all'ottimizzatore di avere una base informativa molto più ampia su cui fare affidamento per la determinazione dei piani d'esecuzione.

Per realizzare il nostro esempio, poiché abbiamo bisogno di dati significativi, sfrutteremo la tabella CUSTOMERS presente nello schema SH.

Poiché l'utente SH inizialmente è bloccato, utilizziamo un utente dba per sbloccarlo e cambiargli la password:

```
O12c>alter user sh identified by sh;
Utente modificato.

O12c>alter user sh account unlock;
Utente modificato.
```

Successivamente ci connettiamo con SH e vediamo com'è fatta la tabella:

```
O12c>conn sh/sh@corsopdb;
Connesso.
O12c>desc customers
```

```
Nome                                      Nullo?    Tipo
----------------------------------------- --------  ------------
CUST_ID                                   NOT NULL  NUMBER
CUST_FIRST_NAME                           NOT NULL  VARCHAR2(20)
CUST_LAST_NAME                            NOT NULL  VARCHAR2(40)
CUST_GENDER                               NOT NULL  CHAR(1)
CUST_YEAR_OF_BIRTH                        NOT NULL  NUMBER(4)
CUST_MARITAL_STATUS                                 VARCHAR2(20)
CUST_STREET_ADDRESS                       NOT NULL  VARCHAR2(40)
CUST_POSTAL_CODE                          NOT NULL  VARCHAR2(10)
CUST_CITY                                 NOT NULL  VARCHAR2(30)
CUST_CITY_ID                              NOT NULL  NUMBER
CUST_STATE_PROVINCE                       NOT NULL  VARCHAR2(40)
CUST_STATE_PROVINCE_ID                    NOT NULL  NUMBER
COUNTRY_ID                                NOT NULL  NUMBER
CUST_MAIN_PHONE_NUMBER                    NOT NULL  VARCHAR2(25)
CUST_INCOME_LEVEL                                   VARCHAR2(30)
CUST_CREDIT_LIMIT                                   NUMBER
CUST_EMAIL                                          VARCHAR2(50)
CUST_TOTAL                                NOT NULL  VARCHAR2(14)
CUST_TOTAL_ID                             NOT NULL  NUMBER
CUST_SRC_ID                                         NUMBER
CUST_EFF_FROM                                       DATE
CUST_EFF_TO                                         DATE
CUST_VALID                                          VARCHAR2(1)
```

La query non ottimizzata che utilizzeremo è la seguente:

```
O12c>SELECT /*+gather_plan_statistics*/ *
  2   FROM    customers
  3   WHERE   cust_state_province='CA'
  4*  AND     country_id=52790


--Un output molto lungo --

3341 righe selezionate.
```

Per vedere se Oracle ritiene che questa istruzione sia ottimizzabile, eseguiamo una query su V$SQL estraendo il campo **IS_REOPTIMIZABLE**

```
O12c>SELECT SQL_ID, CHILD_NUMBER, SQL_TEXT, IS_REOPTIMIZABLE
  2   FROM    V$SQL
  3   WHERE   SQL_TEXT LIKE 'SELECT%52790%';

SQL_ID         CHILD_NUMBER SQL_TEXT                                  I
-------------- ------------ ----------------------------------------- -
5hdn273q0z7qt             0 SELECT /*+gather_plan_statistics*/ *      Y
                            FROM    customers WHERE
                            cust_state_province ='CA' AND
                            country_id=52790
```

L'ultimo campo vale Y, quindi Oracle ritiene che lo statement possa essere ottimizzato.

Come ottimizzarlo? Per saperlo dobbiamo verificare se è stata creata una Plan directive:

```
O12c>EXEC DBMS_SPD.FLUSH_SQL_PLAN_DIRECTIVE;

Procedura PL/SQL completata correttamente.

O12c>SELECT o.OBJECT_NAME, o.SUBOBJECT_NAME col_name,
  2   d.TYPE, d.STATE, d.REASON
  3   FROM    DBA_SQL_PLAN_DIRECTIVES d, DBA_SQL_PLAN_DIR_OBJECTS o
  4   WHERE   d.DIRECTIVE_ID=o.DIRECTIVE_ID
  5   AND     o.OWNER = 'SH';

OBJECT_NA COL_NAME               TYPE             STATE REASON
--------- --------------------   ---------------- ----- -------------------
CUSTOMERS CUST_STATE_PROVINCE    DYNAMIC_SAMPLING NEW   SINGLE TABLE
                                                       CARDINALITY
                                                       MISESTIMATE

CUSTOMERS COUNTRY_ID             DYNAMIC_SAMPLING NEW   SINGLE TABLE
                                                       CARDINALITY
                                                       MISESTIMATE

CUSTOMERS                        DYNAMIC_SAMPLING NEW   SINGLE TABLE
                                                       CARDINALITY
                                                       MISESTIMATE
```

La chiamata alla procedura FLUSH_SQL_PLAN_DIRECTIVES serve a forzare Oracle a scrivere subito nel DB le plan directives calcolate. Senza questa chiamata Oracle provvede, periodicamente ed in asincrono, alla scrittura sul db.

Le Plan directive create da Oracle indicano che mancano statistiche sulle colonne CUST_STATE_PROVENCE e COUNTRY_ID della tabella CUSTOMERS.

Per verificare che Oracle da questo momento in poi faccia uso di questa direttiva per ottimizzare gli altri accessi, modifichiamo leggermente la query, andiamo nello stato di New York anziché in California:

```
O12c>SELECT /*+gather_plan_statistics*/ *
  2   FROM    customers
  3   WHERE   cust_state_province='NY'
  4   AND     country_id=52790;

-- OUTPUT OMESSO --

694 righe selezionate.

O12c>SELECT * FROM
  2   TABLE(DBMS_XPLAN.DISPLAY_CURSOR(FORMAT=>'ALLSTATS LAST'));

PLAN_TABLE_OUTPUT
----------------------------------------------------------------------
SQL_ID  cskc8qpjs6fjs, child number 0
----------------------------------------------------------------------
SELECT /*+gather_plan_statistics*/ * FROM    customers WHERE
cust_state_province='NY' AND     country_id=52790

Plan hash value: 2008213504

----------------------------------------------------------------------
| Id|Operation           |Name    |Starts|E-Rows|A-Rows|  A-Time  |Buffers
----------------------------------------------------------------------
```

```
|   0|SELECT STATEMENT     |          |   1|       |   694|00:00:00.02|1567
|*  1| TABLE ACCESS FULL|CUSTOMERS|   1|   665|   694|00:00:00.02|1567
-------------------------------------------------------------------------

Predicate Information (identified by operation id):
---------------------------------------------------

   1 - filter(("CUST_STATE_PROVINCE"='NY' AND "COUNTRY_ID"=52790))

Note
-----
   - dynamic statistics used: dynamic sampling (level=2)
   - 1 Sql Plan Directive used for this statement
```

Oltre a stimare bene le righe (665 stimate contro 694 effettivamente lette) Oracle ci informa esplicitamente nelle note che una SQL Plan directive è stata utilizzata per ottimizzare questa query.

Oracle tiene conto dell'esigenza di statistiche aggiuntive, emerse nella creazione della Plan Directives, alla prossima raccolta con DBMS_STATS.

Se, infatti, verifichiamo quali colonne di CUSTOMERS sono attualmente analizzate ed hanno un istogramma associato:

```
O12c>select column_name, histogram
  2  from dba_tab_col_statistics
  3  where owner=user
  4  and TABLE_NAME='CUSTOMERS';

COLUMN_NAME                    HISTOGRAM
------------------------------ ---------------
CUST_ID                        NONE
CUST_FIRST_NAME                NONE
CUST_LAST_NAME                 NONE
CUST_GENDER                    NONE
CUST_YEAR_OF_BIRTH             NONE
CUST_MARITAL_STATUS            NONE
CUST_STREET_ADDRESS            NONE
CUST_POSTAL_CODE               NONE
CUST_CITY                      NONE
CUST_CITY_ID                   HYBRID
CUST_STATE_PROVINCE            NONE
CUST_STATE_PROVINCE_ID         FREQUENCY
COUNTRY_ID                     FREQUENCY
CUST_MAIN_PHONE_NUMBER         NONE
CUST_INCOME_LEVEL              NONE
CUST_CREDIT_LIMIT              NONE
CUST_EMAIL                     NONE
CUST_TOTAL                     NONE
CUST_TOTAL_ID                  FREQUENCY
CUST_SRC_ID                    NONE
CUST_EFF_FROM                  NONE
CUST_EFF_TO                    NONE
CUST_VALID                     NONE

23 righe selezionate.
```

E poi eseguiamo una raccolta di statistiche sulla tabella

```
O12c>exec dbms_stats.gather_table_stats(user,'CUSTOMERS')

Procedura PL/SQL completata correttamente.
```

Ci rendiamo conto che sono stata aggiunti diversi istogrammi:

```
O12c>select column_name, histogram
  2  from dba_tab_col_statistics
  3  where owner=user
  4  and TABLE_NAME='CUSTOMERS';

COLUMN_NAME                       HISTOGRAM
--------------------------------  ------------
CUST_VALID                        NONE
CUST_EFF_TO                       NONE
CUST_EFF_FROM                     NONE
CUST_SRC_ID                       NONE
CUST_TOTAL_ID                     FREQUENCY
CUST_TOTAL                        NONE
CUST_EMAIL                        NONE
CUST_CREDIT_LIMIT                 NONE
CUST_INCOME_LEVEL                 NONE
CUST_MAIN_PHONE_NUMBER            NONE
COUNTRY_ID                        FREQUENCY
CUST_STATE_PROVINCE_ID            FREQUENCY
CUST_STATE_PROVINCE               FREQUENCY
CUST_CITY_ID                      HYBRID
CUST_CITY                         NONE
CUST_POSTAL_CODE                  NONE
CUST_STREET_ADDRESS               NONE
CUST_MARITAL_STATUS               NONE
CUST_YEAR_OF_BIRTH                NONE
CUST_GENDER                       NONE
CUST_LAST_NAME                    NONE
CUST_FIRST_NAME                   NONE
CUST_ID                           NONE
SYS_STS#S#WF25Z#QAHIHE#MOFFMM_    FREQUENCY
```

Particolarmente interessante è l'ultimo istogramma, calcolato su un column group, quello composto dalle due colonne utilizzate nella nostra query:

```
O12c>select EXTENSION
  2  from dba_stat_extensions
  3  where EXTENSION_NAME='SYS_STS#S#WF25Z#QAHIHE#MOFFMM_';

EXTENSION
--------------------------------------------------------------
("CUST_STATE_PROVINCE","COUNTRY_ID")
```

6.3 Il package DBMS_SQL_MONITOR

Il package DBMS_SQL_MONITOR, introdotto in Oracle 12c, consente di monitorare in tempo reale le operazioni (in particolare le long running) che vengono eseguite da una certa sessione. Il package è munito di quattro funzionalità:

Le procedure BEGIN_OPERATION ed END_OPERATION consentono di avviare e fermare il monitoraggio.

Le funzioni REPORT_SQL_MONITOR_LIST e REPORT_SQL_MONITOR consentono di visualizzare dei report dettagliati su tutto ciò che l'operazione da monitorare ha eseguito.

I dati raccolti durante il monitoraggio sono accessibili anche a query dell'utente, mediante le viste dinamiche V$SQL_MONITOR e V$SQL_PLAN_MONITOR.

La funzione BEGIN_OPERATION riceve in input il nome e, opzionalmente, un identificativo numerico della sessione di monitoraggio. Molto importante è il parametro FORCED_TRACKING da valorizzare a 'Y' se si vogliono monitorare tutte le operazioni sul DB, 'N' se si vogliono monitorare solo le operazioni long running, che occupano almeno cinque secondi di CPU e/o I/O. Il default è 'N'.

La funzione restituisce l'id della sessione di monitoraggio.

```
O12c>Select DBMS_SQL_MONITOR.BEGIN_OPERATION('TEST_COP',99)
  2  from dual;

DBMS_SQL_MONITOR.BEGIN_OPERATION('TEST_COP',99)
-----------------------------------------------
                                             99
```

Per ottenere un'operazione long running definiamo una procedura che continua a lavorare, senza fare nulla sul db, ma accedendo continuamente alla memoria, per un numero di secondi ricevuto in input:

```
O12c>create procedure perdi_tempo(sec in number) is
  2    Inizio number := to_char(sysdate,'yyyymmddhh24miss');
  3  Begin
  4    Loop
  5      inizio := inizio;
  6      exit when to_char(sysdate,'yyyymmddhh24miss')>=inizio+sec;
  7    end loop;
  8  end;
  9  /

Procedura creata.
```

Quindi la nostra operazione long running sarà:

```
O12c>Exec perdi_tempo(30)

Procedura PL/SQL completata correttamente.
```

A questo punto possiamo già vedere se l'operazione è stata messa nell'elenco del monitoraggio:

```
O12c>Select DBMS_SQL_MONITOR.REPORT_SQL_MONITOR_LIST
  2  From dual;

REPORT_SQL_MONITOR_LIST
---------------------------------------------------------------
```

```
SQL Monitoring List
====================


=================================================================
|Status|Duration|    SQL Id     |Exec Id  |    Start       |User
|Module/Action|Dop|DB Time|IOs| SQL Text                         |
=================================================================
|DONE  |    11s|6th3fz6haj80y|16777217|09/06/2013 00:35:48|CORSO
|SQL*Plus/-  |  |    10s|   | BEGIN perdi_tempo(30); END;       |
=================================================================
```

Ed il report di monitoraggio:

```
O12c>Select DBMS_SQL_MONITOR.REPORT_SQL_MONITOR
  2  From dual;

REPORT_SQL_MONITOR
---------------------------------------------------------
SQL Monitoring Report

SQL Text
------------------------------
BEGIN perdi_tempo(30); END;

Global Information
------------------------------
  Status               :  DONE
  Instance ID          :  1
  Session              :  CORSO (247:1321)
  SQL ID               :  6th3fz6haj80y
  SQL Execution ID     :  16777217
  Execution Started    :  09/06/2013 00:35:48
  First Refresh Time   :  09/06/2013 00:35:54
  Last Refresh Time    :  09/06/2013 00:35:59
  Duration             :  11s
  Module/Action        :  SQL*Plus/-
  Service              :  corsopdb
  Program              :  sqlplus.exe

Global Stats
=====================================================
| Elapsed |   Cpu   |  PL/SQL |  Other   | Buffer |
| Time(s) | Time(s) | Time(s) | Waits(s) | Gets   |
=====================================================
|    11   |    11   |    11   |   0.01   |    3   |
=====================================================
```

Per interrompere il monitoraggio si utilizza la procedura END_OPERATION, passandole solo il nome e l'id della sessione di monitoraggio:

```
O12c>exec DBMS_SQL_MONITOR.END_OPERATION('TEST_COP',99)

Procedura PL/SQL completata correttamente.
```

Le due funzioni di reportistica offrono molti parametri di input per selezionare quali attività prendere in considerazione nei report e come rappresentarle. Tutte le informazioni sono comunque disponibili nelle viste dinamiche **V$SQL_MONITOR** e **V$SQL_PLAN_MONITOR** nel caso in cui l'utente voglia costruirsi i propri report:

```
O12c>DESC V$SQL_MONITOR
Nome                             Nullo?    Tipo
-------------------------------- --------- --------------------
KEY                                        NUMBER
REPORT_ID                                  NUMBER
STATUS                                     VARCHAR2(19)
USER#                                      NUMBER
USERNAME                                   VARCHAR2(30)
MODULE                                     VARCHAR2(64)
ACTION                                     VARCHAR2(64)
SERVICE_NAME                               VARCHAR2(64)
CLIENT_IDENTIFIER                          VARCHAR2(64)
CLIENT_INFO                                VARCHAR2(64)
PROGRAM                                    VARCHAR2(64)
PLSQL_ENTRY_OBJECT_ID                      NUMBER
PLSQL_ENTRY_SUBPROGRAM_ID                  NUMBER
PLSQL_OBJECT_ID                            NUMBER
PLSQL_SUBPROGRAM_ID                        NUMBER
FIRST_REFRESH_TIME                         DATE
LAST_REFRESH_TIME                          DATE
REFRESH_COUNT                              NUMBER
DBOP_EXEC_ID                               NUMBER
DBOP_NAME                                  VARCHAR2(30)
SID                                        NUMBER
PROCESS_NAME                               VARCHAR2(5)
SQL_ID                                     VARCHAR2(13)
SQL_TEXT                                   VARCHAR2(2000)
IS_FULL_SQLTEXT                            VARCHAR2(1)
SQL_EXEC_START                             DATE
SQL_EXEC_ID                                NUMBER
SQL_PLAN_HASH_VALUE                        NUMBER
EXACT_MATCHING_SIGNATURE                   NUMBER
FORCE_MATCHING_SIGNATURE                   NUMBER
SQL_CHILD_ADDRESS                          RAW(8)
SESSION_SERIAL#                            NUMBER
PX_IS_CROSS_INSTANCE                       VARCHAR2(1)
PX_MAXDOP                                  NUMBER
PX_MAXDOP_INSTANCES                        NUMBER
PX_SERVERS_REQUESTED                       NUMBER
PX_SERVERS_ALLOCATED                       NUMBER
PX_SERVER#                                 NUMBER
PX_SERVER_GROUP                            NUMBER
PX_SERVER_SET                              NUMBER
PX_QCINST_ID                               NUMBER
PX_QCSID                                   NUMBER
ERROR_NUMBER                               VARCHAR2(40)
ERROR_FACILITY                             VARCHAR2(4)
ERROR_MESSAGE                              VARCHAR2(256)
BINDS_XML                                  CLOB
OTHER_XML                                  CLOB
ELAPSED_TIME                               NUMBER
QUEUING_TIME                               NUMBER
CPU_TIME                                   NUMBER
FETCHES                                    NUMBER
BUFFER_GETS                                NUMBER
```

```
 DISK_READS                              NUMBER
 DIRECT_WRITES                           NUMBER
 IO_INTERCONNECT_BYTES                   NUMBER
 PHYSICAL_READ_REQUESTS                  NUMBER
 PHYSICAL_READ_BYTES                     NUMBER
 PHYSICAL_WRITE_REQUESTS                 NUMBER
 PHYSICAL_WRITE_BYTES                    NUMBER
 APPLICATION_WAIT_TIME                   NUMBER
 CONCURRENCY_WAIT_TIME                   NUMBER
 CLUSTER_WAIT_TIME                       NUMBER
 USER_IO_WAIT_TIME                       NUMBER
 PLSQL_EXEC_TIME                         NUMBER
 JAVA_EXEC_TIME                          NUMBER
 RM_LAST_ACTION                          VARCHAR2(48)
 RM_LAST_ACTION_REASON                   VARCHAR2(30)
 RM_LAST_ACTION_TIME                     DATE
 RM_CONSUMER_GROUP                       VARCHAR2(30)
 CON_ID                                  NUMBER
 CON_NAME                                VARCHAR2(30)
 ECID                                    VARCHAR2(64)

O12c>
O12c>DESC V$SQL_PLAN_MONITOR
 Nome                          Nullo?   Tipo
 ----------------------------- -------- --------------------
 CON_ID                                 NUMBER
 KEY                                    NUMBER
 STATUS                                 VARCHAR2(19)
 FIRST_REFRESH_TIME                     DATE
 LAST_REFRESH_TIME                      DATE
 FIRST_CHANGE_TIME                      DATE
 LAST_CHANGE_TIME                       DATE
 REFRESH_COUNT                          NUMBER
 SID                                    NUMBER
 PROCESS_NAME                           VARCHAR2(5)
 SQL_ID                                 VARCHAR2(13)
 SQL_EXEC_START                         DATE
 SQL_EXEC_ID                            NUMBER
 SQL_PLAN_HASH_VALUE                    NUMBER
 SQL_CHILD_ADDRESS                      RAW(8)
 PLAN_PARENT_ID                         NUMBER
 PLAN_LINE_ID                           NUMBER
 PLAN_OPERATION                         VARCHAR2(30)
 PLAN_OPTIONS                           VARCHAR2(30)
 PLAN_OBJECT_OWNER                      VARCHAR2(30)
 PLAN_OBJECT_NAME                       VARCHAR2(30)
 PLAN_OBJECT_TYPE                       VARCHAR2(20)
 PLAN_DEPTH                             NUMBER
 PLAN_POSITION                          NUMBER
 PLAN_COST                              NUMBER
 PLAN_CARDINALITY                       NUMBER
 PLAN_BYTES                             NUMBER
 PLAN_TIME                              NUMBER
 PLAN_PARTITION_START                   VARCHAR2(64)
 PLAN_PARTITION_STOP                    VARCHAR2(64)
 PLAN_CPU_COST                          NUMBER
 PLAN_IO_COST                           NUMBER
 PLAN_TEMP_SPACE                        NUMBER
```

```
STARTS                          NUMBER
OUTPUT_ROWS                     NUMBER
IO_INTERCONNECT_BYTES           NUMBER
PHYSICAL_READ_REQUESTS          NUMBER
PHYSICAL_READ_BYTES             NUMBER
PHYSICAL_WRITE_REQUESTS         NUMBER
PHYSICAL_WRITE_BYTES            NUMBER
WORKAREA_MEM                    NUMBER
WORKAREA_MAX_MEM                NUMBER
WORKAREA_TEMPSEG                NUMBER
WORKAREA_MAX_TEMPSEG            NUMBER
OTHERSTAT_GROUP_ID              NUMBER
OTHERSTAT_1_ID                  NUMBER
OTHERSTAT_1_TYPE                NUMBER
OTHERSTAT_1_VALUE               NUMBER
OTHERSTAT_2_ID                  NUMBER
OTHERSTAT_2_TYPE                NUMBER
OTHERSTAT_2_VALUE               NUMBER
OTHERSTAT_3_ID                  NUMBER
OTHERSTAT_3_TYPE                NUMBER
OTHERSTAT_3_VALUE               NUMBER
OTHERSTAT_4_ID                  NUMBER
OTHERSTAT_4_TYPE                NUMBER
OTHERSTAT_4_VALUE               NUMBER
OTHERSTAT_5_ID                  NUMBER
OTHERSTAT_5_TYPE                NUMBER
OTHERSTAT_5_VALUE               NUMBER
OTHERSTAT_6_ID                  NUMBER
OTHERSTAT_6_TYPE                NUMBER
OTHERSTAT_6_VALUE               NUMBER
OTHERSTAT_7_ID                  NUMBER
OTHERSTAT_7_TYPE                NUMBER
OTHERSTAT_7_VALUE               NUMBER
OTHERSTAT_8_ID                  NUMBER
OTHERSTAT_8_TYPE                NUMBER
OTHERSTAT_8_VALUE               NUMBER
OTHERSTAT_9_ID                  NUMBER
OTHERSTAT_9_TYPE                NUMBER
OTHERSTAT_9_VALUE               NUMBER
OTHERSTAT_10_ID                 NUMBER
OTHERSTAT_10_TYPE               NUMBER
OTHERSTAT_10_VALUE              NUMBER
OTHER_XML                       CLOB
```

6.4 Ottimizzazione di UNION ed UNION ALL

UNION ed UNION ALL sono stati ottimizzati per consentire un'esecuzione in parallelo delle diverse query che le compongono.

Facciamo un esempio definendo due nuove tabelle ed un paio di db link:

```
O12c>create table test_un1 as
  2  select level a from dual
  3  connect by level<=100;

Tabella creata.
```

```
O12c>create table test_un2 as
  2   select level a from dual
  3   connect by level<=100;

Tabella creata.

O12c>create database link l1
  2   connect to corso identified by corso using 'corsopdb';

Creato database link.

O12c>create database link l2
  2   connect to corso identified by corso using 'corsopdb';

Creato database link.

O12c>set autot on exp
O12c>select * from  test_un1 where a=23
  2   union
  3   select /*+ PARALLEL */* from  test_un2 where a=45
  4   union
  5   select * from  test_un1@l1 where a=44
  6   union
  7   select * from  test_un2@l2 where a=21;

         A
----------
        21
        23
        44
        45

Piano di esecuzione
----------------------------------------------------------
Plan hash value: 1526524905

---------------------------------------------------------------------------
 Id|Operation                 |Name     |Rows|Cost(%CPU)| TQ  |IN-OUT|PQ
Distrib
---------------------------------------------------------------------------
  0|SELECT STATEMENT          |         |  4|   8  (75)|     |      |
  1| PX COORDINATOR           |         |   |          |     |      |
  2|  PX SEND QC (RANDOM)     |:TQ10001 |  4|   8  (75)|Q1,01|P->S  |QC(RAND)
  3|   SORT UNIQUE            |         |  4|   8  (75)|Q1,01|PCWP  |
  4|    PX RECEIVE            |         |   |          |Q1,01|PCWP  |
  5|     PX SEND HASH         |:TQ10000 |   |          |Q1,00|P->P  |HASH
  6|      UNION-ALL           |         |   |          |Q1,00|PCWP  |
  7|       PX BLOCK ITERATOR  |         |  1|   2   (0)|Q1,00|PCWC  |
* 8|        TABLE ACCESS FULL |TEST_UN1 |  1|   2   (0)|Q1,00|PCWP  |
  9|       PX BLOCK ITERATOR  |         |  1|   2   (0)|Q1,00|PCWC  |
*10|        TABLE ACCESS FULL |TEST_UN2 |  1|   2   (0)|Q1,00|PCWP  |
 11|       PX SELECTOR        |         |   |          |Q1,00|PCWP  |
 12|        REMOTE            |TEST_UN1 |  1|   2   (0)|Q1,00|PCWP  |
 13|       PX SELECTOR        |         |   |          |Q1,00|PCWP  |
 14|        REMOTE            |TEST_UN2 |  1|   2   (0)|Q1,00|PCWP  |
---------------------------------------------------------------------------
Predicate Information (identified by operation id):
---------------------------------------------------
```

```
     8 - filter("A"=23)
    10 - filter("A"=45)
Note
-----
   - automatic DOP: Computed Degree of Parallelism is 4
```

È necessario che il parallelismo sia abilitato, per questo motivo è stato aggiunto alla query l'hint PARALLEL. La novità di Oracle 12c si individua nell'operazione PX SELECTOR, che indica il parallelismo nell'esecuzione dei diversi branch della UNION.

Senza l'hint PARALLEL si ottiene una normale esecuzione seriale delle diverse query che compongono la UNION:

```
O12c>select * from  test_un1 where a=23
  2  union
  3  select * from  test_un2 where a=45
  4  union
  5  select * from  test_un1@l1 where a=44
  6  union
  7  select * from  test_un2@l2 where a=21;

         A
----------
        21
        23
        44
        45

Piano di esecuzione
----------------------------------------------------------
Plan hash value: 2400862314


--------------------------------------------------------------------
|Id|Operation            | Name     |Rows|Cost(%CPU)|Inst   |IN-OUT
--------------------------------------------------------------------
| 0|SELECT STATEMENT     |          |  4|   10  (70)|       |
| 1| SORT UNIQUE         |          |  4|   10  (70)|       |
| 2|  UNION-ALL          |          |   |           |       |
|*3|   TABLE ACCESS FULL| TEST_UN1 |  1|    3   (0)|       |
|*4|   TABLE ACCESS FULL| TEST_UN2 |  1|    3   (0)|       |
| 5|   REMOTE            | TEST_UN1 |  1|    2   (0)| L1    | R->S
| 6|   REMOTE            | TEST_UN2 |  1|    2   (0)| L2    | R->S
--------------------------------------------------------------------

Predicate Information (identified by operation id):
---------------------------------------------------

   3 - filter("A"=23)
   4 - filter("A"=45)
```

6.5 Evitare il Parallel Statement Queuing

Quando un'istruzione SQL deve essere eseguita in parallelo, Oracle verifica se ha a disposizione i processi server che servono per eseguirla. In caso affermativo la esegue, in caso negativo la mette in una coda di tipo FIFO e la esegue appena c'è un numero di processi liberi sufficiente.

In Oracle 12c è possibile fare in modo che alcuni statement, definiti critici, non siano mai accodati, ma vengano eseguiti sempre immediatamente (con la conseguente possibilità che il numero di processi attivi superi il limite impostato con i parametri PARALLEL_MAX_SERVERS e PARALLEL_SERVERS_TARGET).

La configurazione degli statement critici si esegue a livello di consumer group, classificandolo CRITICAL. In tal caso, per il consumer group prescelto, la colonna PARALLEL_STMT_CRITICAL della tabella DBA_RSRC_PLAN_DIRECTIVES assume il valore BYPASS QUEUE.

6.6 Aggiornamento Out-of-Place delle MV

A prescindere da quale tipo di refresh (completo, incrementale) si utilizzi per le viste materializzate, è possibile in Oracle 12c scegliere di far avvenire il refresh utilizzando un'altra struttura dati, identica alla vista materializzata ma fisicamente distinta. A fine refresh, i dati vengono prelevati da questa struttura temporanea ad associati alla vista materializzata, con grande risparmio di tempo ed ottenendo una maggiore disponibilità della vista materializzata.

Per ottenere questo tipo di refresh è sufficiente valorizzare a true il nuovo parametro OUT_OF_PLACE della procedura REFRESH contenuta nel package DBMS_MVIEW.

Per fare un esempio creiamo una vista materializzata:

```
O12c>create materialized view test_oop as
  2   select owner, count(0) from dba_tables
  3   group by owner;
Creata vista materializzata.
```

E proviamo ad eseguire un refresh completo in modalità "out of place":

```
O12c>exec dbms_mview.refresh('TEST_OOP','C',out_of_place=>true)
BEGIN dbms_mview.refresh('TEST_OOP','C',out_of_place=>true); END;
*
ERRORE alla riga 1:
ORA-20000: ORA-32355: out-place refresh cannot be used in atomic
mode
ORA-06512: a "SYS.DBMS_SNAPSHOT", line 3024
ORA-06512: a "SYS.DBMS_SNAPSHOT", line 2998
ORA-06512: a line 1
```

L'errore è dovuto al fatto che, per default, le viste materializzate vengono aggiornate in modalità "atomica", cioè tutte le MV aggiornate con lo stesso comando utilizzano la stessa transazione per l'aggiornamento. Le modalità "atomica" e "Out of place" sono incompatibili tra loro, di conseguenza per fare un aggiornamento "Out of place" dobbiamo specificare che questo non deve essere "atomico":

```
O12c>exec
dbms_mview.refresh('TEST_OOP','C',atomic_refresh=>false,out_of_pla
ce=>true)

Procedura PL/SQL completata correttamente.
```

Per vedere la famigerata "struttura separata" che Oracle utilizza per fare il refresh, mentre l'operazione di aggiornamento era in corso, in un'altra sessione ho eseguito la seguente query:

```
O12c>select owner, object_name, object_type
  2  from dba_objects
  3* where last_ddl_time>sysdate-3/(24*60)

OWNER       OBJECT_NAME                     OBJECT_TYPE
----------  ------------------------------  -----------------------
CORSO       RV$16FEA                        TABLE
CORSO       TEST_OOP                        TABLE
CORSO       TEST_OOP                        MATERIALIZED VIEW
```

I due oggetti che rispondono al nome TEST_OOP sono la vista materializzata e la tabella che Oracle utilizza per conservarne i dati. La tabella RV$16FEA è la struttura esterna creata e poi eliminata per il processo di refresh. Ovviamente a fine refresh non esiste più:

```
O12c>desc RV$16FEA
ERROR:
ORA-04043: l'oggetto RV$16FEA non esiste
```

Ma sta ancora nel cestino:

```
O12c>select original_name from dba_recyclebin
  2  where ORIGINAL_NAME='RV$16FEA';

ORIGINAL_NAME
------------------------------------------------
RV$16FEA
```

Quindi la possiamo resuscitare:

```
O12c>flashback table RV$16FEA to before drop;

Completato flashback.
```

Ed accertarci che effettivamente sia identica alla nostra vista materializzata tanto per struttura quanto per contenuto:

```
O12c>desc RV$16FEA
 Nome                           Nullo?   Tipo
 -----------------------------  -------- ----------------
 OWNER                          NOT NULL VARCHAR2(128)
 COUNT(0)                                NUMBER

O12c>select count(0) from RV$16FEA;

  COUNT(0)
----------
```

```
            29

O12c>desc test_oop
 Nome                        Nullo?    Tipo
 ----------------------      --------  ----------------
 OWNER                       NOT NULL  VARCHAR2(128)
 COUNT(0)                              NUMBER

O12c>select count(0) from test_oop;

  COUNT(0)
----------
        29
```

7 Sicurezza

7.1 Password case sensitive

Il parametro IGNORECASE di ORAPWD ed il parametro di sistema SEC_CASE_SENSITIVE_LOGON sono deprecati in Oracle 12c. Di conseguenza faremmo bene ad abituarci all'idea di avere obbligatoriamente password case sensitive...

7.2 Algoritmo SHA-2

Il package DBMS_CRYPTO è stato implementato con l'aggiunta dell'algoritmo di ashing SHA-2. È sufficiente, nella chiamata della funzione HASH, passare come secondo parametro uno dei valori HASH_SH256, HASH_SH384 o HASH_SH512 a seconda della lunghezza desiderata (in bit) dell'hash.

A titolo d'esempio creiamo una funzione che calcola l'hash (a 256 bit) di una stringa ricevuta in input:

```
O12c>create or replace function hash256(testo in clob)
  2   return raw is
  3   a pls_integer := dbms_crypto.hash_sh256;
  4   begin
  5     return dbms_crypto.hash(testo,a);
  6   end;
  7   /
Funzione creata.

O12c>select hash256('STRINGA DA CUI ESTRARRE HASH') from dual;

HASH256('STRINGADACUIESTRARREHASH')
--------------------------------------------------------------------
DA1F7AEDB6D5921C4831F4413AC3257F61FC65E854CF989E8EA20E5FC643490C
```

7.3 Il nuovo Unified Audit

In Oracle 12c è disponibile opzionalmente una nuova versione di audit, lo "Unified Audit".

Per verificare se il DB è stato migrato allo "Unified Audit" è sufficiente eseguire una query su V$OPTION:

```
O12c>SELECT VALUE FROM V$OPTION
  2  WHERE PARAMETER = 'Unified Auditing';

VALUE
----------------------------------------------------------------
FALSE
```

In caso negativo (risultato della query FALSE) è necessario attivare l'opzione. Per farlo bisogna seguire questa procedura:

1) SHUTDOWN (su Windows arrestare il servizio OracleServiceSID)

```
D:\Oracle>sqlplus / as sysdba

SQL*Plus: Release 12.1.0.1.0 Production on Gio Set 5 22:55:10 2013

Copyright (c) 1982, 2013, Oracle.  All rights reserved.


Connesso a:
Oracle Database 12c Enterprise Edition Release 12.1.0.1.0 - 64bit
Production
With the Partitioning, OLAP, Advanced Analytics and Real
Application Testing options

SQL> shutdown
Database chiuso.
NOMOUNT del database eseguito.
Istanza ORACLE chiusa.
SQL> exit
Disconnesso da Oracle Database 12c Enterprise Edition Release
12.1.0.1.0 - 64bit Production
With the Partitioning, OLAP, Advanced Analytics and Real
Application Testing options
```

2) Stoppare il listener

```
D:\Oracle>lsnrctl stop

LSNRCTL for 64-bit Windows: Version 12.1.0.1.0 - Production on 05-
SET-2013 22:56:17

Copyright (c) 1991, 2013, Oracle.  All rights reserved.

Connessione a
(DESCRIPTION=(ADDRESS=(PROTOCOL=IPC)(KEY=EXTPROC1521)))
Il comando Þ stato eseguito
```

3) Abilitare l'opzione Unified Audit. Su UNIX

```
make -f ins_rdbms.mk uniaud_on ioracle ORACLE_HOME=$ORACLE_HOME
```

Su Windows, invece, rinominare il file

%ORACLE_HOME%/bin/orauniaud12.dll.dbl in

%ORACLE_HOME%/bin/orauniaud12.dll

4) Riavviare il listener

```
D:\Oracle>lsnrctl start

LSNRCTL for 64-bit Windows: Version 12.1.0.1.0 - Production on 05-
SET-2013 23:02:24

Copyright (c) 1991, 2013, Oracle.  All rights reserved.

Avvio di tnslsnr: attendere...

TNSLSNR for 64-bit Windows: Version 12.1.0.1.0 - Production
Il file dei parametri di sistema Þ
D:\Oracle\product\12.1.0\dbhome_1\network\admin\listener.ora
Messaggi di log registrati in
D:\Oracle\diag\tnslsnr\scdiritca71\listener\alert\log.xml
Ascolto su:
(DESCRIPTION=(ADDRESS=(PROTOCOL=ipc)(PIPENAME=\\.\pipe\EXTPROC1521
ipc)))
Ascolto su:
(DESCRIPTION=(ADDRESS=(PROTOCOL=tcp)(HOST=127.0.0.1)(PORT=1521)))

Connessione a
(DESCRIPTION=(ADDRESS=(PROTOCOL=IPC)(KEY=EXTPROC1521)))
STATO del LISTENER
------------------------
Alias                     LISTENER
Versione                  TNSLSNR for 64-bit Windows: Version
12.1.0.1.0 - Production
Data di inizio            05-SET-2013 23:02:30
Tempo di attivitÓ            0 giorni 0 ore 0 min. 8 sec.
Livello trace             off
Sicurezza                 ON: Local OS Authentication
SNMP                      OFF
File di parametri
listenerD:\Oracle\product\12.1.0\dbhome_1\network\admin\listener.o
ra
File di log listener
D:\Oracle\diag\tnslsnr\scdiritca71\listener\alert\log.xml
Summary table degli endpoint di ascolto...

(DESCRIPTION=(ADDRESS=(PROTOCOL=ipc)(PIPENAME=\\.\pipe\EXTPROC1521
ipc)))

(DESCRIPTION=(ADDRESS=(PROTOCOL=tcp)(HOST=127.0.0.1)(PORT=1521)))
Summary table dei servizi...
Il servizio "CLRExtProc" ha 1 istanze.
  L'istanza "CLRExtProc", stato UNKNOWN, ha 1 handler per questo
servizio...
Il comando Þ stato eseguito
```

5) Startup (su Windows è sufficiente avviare il servizio OracleServiceSID) ed open del pdb

```
D:\Oracle>sqlplus / as sysdba

SQL*Plus: Release 12.1.0.1.0 Production on Gio Set 5 23:02:40 2013

Copyright (c) 1982, 2013, Oracle. All rights reserved.

Connesso a un'istanza sospesa.

SQL> startup
Istanza ORACLE avviata.

Total System Global Area 1670221824 bytes
Fixed Size                  2403352 bytes
Variable Size            1023411176 bytes
Database Buffers          637534208 bytes
Redo Buffers                6873088 bytes
MOUNT del database eseguito.
Database aperto.
SQL> alter pluggable database corsopdb open read write;

Database collegabile modificato.
```

A questo punto dovrebbe essere attivo:

```
O12c>SELECT VALUE FROM V$OPTION
  2  WHERE PARAMETER = 'Unified Auditing';

VALUE
--------------------------------------------------
TRUE
```

Le informazioni raccolte mediante questa funzionalità risiedono in una tabella di sola lettura nello schema AUDSYS e nel tablespace SYSAUX. Tali informazioni sono accessibili mediante la vista di dizionario UNIFIED_AUDIT_TRAIL.

Oltre all'utente SYS, sono abilitati a configurare le funzionalità di AUDIT gli utenti che hanno ricevuto il ruolo AUDIT_ADMIN ed a leggere i risultati gli utenti che hanno ricevuto il ruolo AUDIT_VIEWER.

```
O12c>conn sys@corsopdb as sysdba
Immettere la password:
Connesso.
O12c>grant audit_admin to corso;

Concessione riuscita.
```

Se il database è in modalità READ ONLY, Oracle non può scrivere I risultati dell'audit in una tabella, di conseguenza viene utilizzato un file di sistema operativo nella directory

$ORACLE_BASE/audit/$ORACLE_SID.

In tal caso, quando il database torna in modalità READ WRITE, è possibile utilizzare la procedura LOAD_UNIFIED_AUDIT_FILES del package DBMS_AUDIT_MGMT per caricare il contenuto del file nel db.

Lo "Unified audit" è sempre abilitato e non dipende da un parametro d'inizializzazione come succedeva nelle precedenti release di Oracle.

Le performance di scrittura sono state fortemente migliorate, per default i record di audit vengono scritti in SGA e poi serializzati sul DB in asincrono. Se i record di audit sono ancora in memoria e non sono stati serializzati sul DB è possibile forzare questa serializzazione eseguendo la procedura FLUSH_UNIFIED_AUDIT_TRAIL del package DBMS_AUDIT_MGMT.

Quella che segue è la policy di default, vediamo cosa controlla:

```
O12c>select POLICY_NAME, AUDIT_OPTION
  2   from    AUDIT_UNIFIED_POLICIES
  3   where   policy_name = 'ORA_SECURECONFIG'
  4   order by 2;

POLICY_NAME              AUDIT_OPTION
----------------------   ----------------------------------
ORA_SECURECONFIG         ADMINISTER KEY MANAGEMENT
ORA_SECURECONFIG         ALTER ANY PROCEDURE
ORA_SECURECONFIG         ALTER ANY SQL TRANSLATION PROFILE
ORA_SECURECONFIG         ALTER ANY TABLE
ORA_SECURECONFIG         ALTER DATABASE
ORA_SECURECONFIG         ALTER DATABASE LINK
ORA_SECURECONFIG         ALTER PLUGGABLE DATABASE
ORA_SECURECONFIG         ALTER PROFILE
ORA_SECURECONFIG         ALTER ROLE
ORA_SECURECONFIG         ALTER SYSTEM
ORA_SECURECONFIG         ALTER USER
ORA_SECURECONFIG         AUDIT SYSTEM
ORA_SECURECONFIG         CREATE ANY JOB
ORA_SECURECONFIG         CREATE ANY LIBRARY
ORA_SECURECONFIG         CREATE ANY PROCEDURE
ORA_SECURECONFIG         CREATE ANY SQL TRANSLATION PROFILE
ORA_SECURECONFIG         CREATE ANY TABLE
ORA_SECURECONFIG         CREATE DATABASE LINK
ORA_SECURECONFIG         CREATE DIRECTORY
ORA_SECURECONFIG         CREATE EXTERNAL JOB
ORA_SECURECONFIG         CREATE PLUGGABLE DATABASE
ORA_SECURECONFIG         CREATE PROFILE
ORA_SECURECONFIG         CREATE PUBLIC SYNONYM
ORA_SECURECONFIG         CREATE ROLE
ORA_SECURECONFIG         CREATE SQL TRANSLATION PROFILE
ORA_SECURECONFIG         CREATE USER
ORA_SECURECONFIG         DROP ANY PROCEDURE
ORA_SECURECONFIG         DROP ANY SQL TRANSLATION PROFILE
ORA_SECURECONFIG         DROP ANY TABLE
ORA_SECURECONFIG         DROP DATABASE LINK
ORA_SECURECONFIG         DROP DIRECTORY
ORA_SECURECONFIG         DROP PLUGGABLE DATABASE
```

```
ORA_SECURECONFIG       DROP PROFILE
ORA_SECURECONFIG       DROP PUBLIC SYNONYM
ORA_SECURECONFIG       DROP ROLE
ORA_SECURECONFIG       DROP USER
ORA_SECURECONFIG       EXEMPT ACCESS POLICY
ORA_SECURECONFIG       EXEMPT REDACTION POLICY
ORA_SECURECONFIG       GRANT ANY OBJECT PRIVILEGE
ORA_SECURECONFIG       GRANT ANY PRIVILEGE
ORA_SECURECONFIG       GRANT ANY ROLE
ORA_SECURECONFIG       LOGMINING
ORA_SECURECONFIG       LOGOFF
ORA_SECURECONFIG       LOGON
ORA_SECURECONFIG       PURGE DBA_RECYCLEBIN
ORA_SECURECONFIG       SET ROLE
ORA_SECURECONFIG       TRANSLATE ANY SQL

47 righe selezionate.
```

E vediamo se è abilitata

```
O12c>select POLICY_NAME
  2  from   AUDIT_UNIFIED_ENABLED_POLICIES
  3  where  policy_name = 'ORA_SECURECONFIG';

POLICY_NAME
------------------------------
ORA_SECURECONFIG
```

Sì, quindi qualcosa dovrebbe già essere stato registrato, vediamo di che si tratta:

```
O12c>select dbusername, action_name, count(0)
  2  from UNIFIED_AUDIT_TRAIL
  3  group by dbusername, action_name
  4  order by dbusername, action_name;

DBUSERNAME      ACTION_NAME                 COUNT(0)
--------------- --------------------------- ----------
CORSO           ALTER DATABASE                       1
CORSO           ALTER PLUGGABLE DATABASE             1
CORSO           ALTER SYSTEM                         3
CORSO           ALTER USER                           4
CORSO           CREATE DATABASE LINK                 3
CORSO           CREATE DIRECTORY                     2
CORSO           CREATE TABLE                         1
CORSO           CREATE USER                         16
CORSO           DROP USER                           16
CORSO           GRANT                               19
CORSO           LOGOFF                              90
CORSO           LOGOFF BY CLEANUP                   22
CORSO           LOGON                              116
CORSO           REVOKE                               2
SH              LOGOFF                               3
SH              LOGOFF BY CLEANUP                    1
SH              LOGON                                5
SYS             ALTER USER                           8
SYS             CREATE DATABASE LINK                 1
SYS             CREATE DIRECTORY                     6
SYS             CREATE ROLE                          2
```

```
SYS              DROP DATABASE LINK              1
SYS              DROP DIRECTORY                  1
SYS              GRANT                           1
SYS              LOGOFF                          1
SYS              LOGOFF BY CLEANUP               4
SYS              LOGON                          23
SYSTEM           CREATE TABLE                    1
SYSTEM           CREATE USER                     1
SYSTEM           GRANT                           1
SYSTEM           LOGOFF                          2
SYSTEM           LOGON                           1
TEST             LOGOFF                          6
TEST             LOGOFF BY CLEANUP               1
TEST             LOGON                           7
TEST_RESOURCE    LOGON                           1
TESTUSER         LOGOFF                          1
TESTUSER         LOGON                           1
UP1              LOGOFF                         13
UP1              LOGON                          14
USR1             LOGOFF                          8
USR1             LOGON                           8
USR2             LOGOFF                          6
USR2             LOGOFF BY CLEANUP               1
USR2             LOGON                           7
```

Questo già ci dice tanto, in ogni caso possiamo aggiungere policy a nostro piacimento. Vediamo la creazione di una policy su tabella. Creiamo la tabella:

```
O12c>create table test_aud
  2  (a number);

Tabella creata.
```

Creiamo la policy per monitorare insert, update e delete sulla tabella:

```
O12c>create audit policy test_pol
  2  ACTIONS insert, update, delete on corso.test_aud;

Criterio di audit creato.
```

Attiviamo la policy, ma non per l'utente SYSTEM:

```
O12c>audit policy test_pol EXCEPT SYSTEM;

Audit riuscito.
```

Verifichiamo che c'è nella policy:

```
O12c>select POLICY_NAME, AUDIT_OPTION, OBJECT_NAME
  2  from AUDIT_UNIFIED_POLICIES
  3  where POLICY_NAME ='TEST_POL';

POLICY_NAME            AUDIT_OPTION      OBJECT_NAME
---------------------  ----------------  ---------------
TEST_POL               SELECT            NONE
TEST_POL               UPDATE            NONE
TEST_POL               DELETE            TEST_AUD
```

Verifichiamo se è abilitata come volevamo:

```
O12c>select POLICY_NAME, ENABLED_OPT,
  2          USER_NAME, SUCCESS, FAILURE
  3    from AUDIT_UNIFIED_ENABLED_POLICIES
  4    where POLICY_NAME ='TEST_POL';

POLICY_NAME                        ENABLED_ USER_NAME  SUC FAI
-------------------------------    -------- ---------- --- ---
TEST_POL                           EXCEPT   SYSTEM     YES YES
```

Inseriamo un record da CORSO ed uno da SYSTEM:

```
O12c>INSERT into test_aud values (1);
Creata 1 riga.

O12c>Conn system/corso@corsopdb
Connesso.
O12c>INSERT into corso.test_aud values (2);
Creata 1 riga.

O12c>Conn corso/corso@corsopdb
Connesso.
```

E verifichiamo quali operazioni di INSERT sulla tabella TEST_AUD sono state registrate:

```
O12c>select DBUSERNAME,
  2    to_char(EVENT_TIMESTAMP,'DD/MM/YYYY HH24:MI:SS') Ora
  3    from unified_audit_trail
  4    where object_name='TEST_AUD'
  5    and ACTION_NAME='INSERT';

DBUSERNAME        ORA
---------------   -------------------
CORSO             05/09/2013 23:41:31
```

Come si vede, non c'è traccia dell'insert fatto da SYSTEM visto che quell'utente era stato escluso dall'audit.

Per disattivare una policy e dropparla:

```
O12c>noaudit policy test_pol;

Noaudit riuscito.

O12c>drop audit policy test_pol;

Criterio di audit eliminato.
```

Per pulire l'audit trail:

```
O12c>select count(*) from unified_audit_trail;

  COUNT(*)
----------
      1907
O12c>exec DBMS_AUDIT_MGMT.CLEAN_AUDIT_TRAIL
(DBMS_AUDIT_MGMT.AUDIT_TRAIL_UNIFIED,false)

Procedura PL/SQL completata correttamente.
```

```
O12c>select count(*) from unified_audit_trail;

  COUNT(*)
----------
         2
```

Le operazioni che troviamo ancora in tabella sono successive alla clean:

```
O12c>select dbusername, action_name, count(0)
  2  from UNIFIED_AUDIT_TRAIL
  3  group by dbusername, action_name
  4  order by dbusername, action_name;

DBUSERNAME      ACTION_NAME              COUNT(0)
--------------- ------------------------ ----------
CORSO           LOGOFF BY CLEANUP               1
SYS             LOGOFF BY CLEANUP               1
```

7.4 GRANT ad un programma PL/SQL

In Oracle 12c è stata introdotta la possibilità di concedere una GRANT di un ruolo ad un programma PL/SQL.

Facciamo un esempio, ipotizziamo di essere un utente DBA e di creare una funzione CONTA_SEGMENT che restituisce il numero dei segment presenti nell'intero database:

```
dba >create or replace function conta_segment
  2     return number
  3     authid current_user is
  4     n number;
  5  begin
  6    select count(0)
  7      into n
  8      from dba_segments
  9    ;
 10     return n;
 11  end;
 12  /

Funzione creata.

dba >select conta_segment from dual;

CONTA_SEGMENT
-------------
         3942
```

Creiamo adesso un utente TEST e concediamogli solo CONNECT e RESOURCE:

```
dba >grant connect, resource to test identified by test;

Concessione riuscita.
```

Poi concediamo a TEST il diritto di eseguire la funzione CONTA_SEGMENT:
```
dba >grant execute on conta_segment to test;

Concessione riuscita.
```

In questa situazione l'utente TEST non è in grado di eseguire la funzione:
```
test>select sys.conta_segment from dual;
select sys.conta_segment from dual
            *
ERRORE alla riga 1:
ORA-00942: tabella o vista inesistente
ORA-06512: a "SYS.CONTA_SEGMENT", line 6
```

Ciò avviene perché l'utente TEST non ha i privilegi sufficienti per leggere la tabella DBA_SEGMENTS e perché la funzione LEGGI_SEGMENT è stata definita con la clausola AUTHID CURRENT_USER, ovvero gira coi diritti dell'utente che la lancia (TEST), non con quelli dell'utente che la possiede (il DBA).

In Oralce11g c'erano solo due modi per consentire a TEST di eseguire correttamente questa funzione: concedere a TEST la GRANT di SELECT sulla tabella DBA_SEGMENTS oppure definire la funzione CONTA_SEGMENT senza la clausola AUTHID CURRENT_USER, e quindi farla girare con tutti i privilegi dell'utente DBA.

In Oracle 12c abbiamo un'opzione migliore, che aumenta di molto la sicurezza complessiva: concedere alla funzione LEGGI_SEGMENT il diritto di fare SELECT dalla tabella DBA_SEGMENTS. Per far questo, l'utente DBA deve prima definire un ruolo che possa fare SELECT da DBA_SEGMENTS:
```
dba >create role leggi_dba_segments;

Ruolo creato.

dba >grant select on dba_segments to leggi_dba_segments;

Concessione riuscita.
```

E poi deve concederlo alla funzione:
```
dba >grant leggi_dba_segments to function conta_segment;

Concessione riuscita.

dba >conn test/test@corsopdb
Connesso.
```

A questo punto TEST può usare la funzione senza problemi:
```
test>select sys.conta_segment from dual;

CONTA_SEGMENT
-------------
         3944
```

Per visualizzare i ruoli concessi ai programmi PL/SQL c'è una nuova vista del dizionario:
```
dba >select * from DBA_CODE_ROLE_PRIVS;

OWNER       OBJECT_NAME            OBJECT_TY ROLE
---------   --------------------   --------- --------------------
SYS         CONTA_SEGMENT          FUNCTION  LEGGI_DBA_SEGMENTS
```

7.5 Modifiche al privilegio SELECT ANY DICTIONARY

Il privilegio di sistema SELECT ANY DICTIONARY in Oracle 12c non consente più di leggere le tabelle collegate alla sicurezza: DEFAULT_PWD$, ENC$, LINK$, USER$, USER_HISTORY$, e XS$VERIFIERS.

7.6 Ultimo login

In Oracle 12c, nella tabella USER$, viene conservato il timestamp di ultimo login di un utente.

SQL*Plus visualizza questa informazione alla connessione:
```
SQL*Plus: Release 12.1.0.1.0 Production on Sab Ago 24 16:06:48
2013

Copyright (c) 1982, 2013, Oracle. All rights reserved.

Ora ultimo login riuscito: Sab Ago 24 2013 14:59:58 +02:00
```

L'informazione, come detto, è conservata nella tabella USER$ (colonna SPARE6) ed è accessibile anche sulla vista di dizionario DBA_USERS (colonna LAST_LOGIN):
```
O12c>select last_login from dba_users where username='CORSO';

LAST_LOGIN
---------------------------------------------------------------
24-AGO-13 16:06:48,000000000 +02:00
```

7.7 Il ruolo Resource

In Oracle 12c il ruolo RESOURCE non include più il privilegio di sistema UNLIMITED TABLESPACE. Se vi viene in mente di verificare questa cosa con una select dal dizionario resterete delusi:

```
O12c>desc role_sys_privs
 Nome                                    Nullo?    Tipo
 --------------------------------------  --------  -------------------
 ROLE                                              VARCHAR2(128)
 PRIVILEGE                                         VARCHAR2(40)
 ADMIN_OPTION                                      VARCHAR2(3)
 COMMON                                            VARCHAR2(3)

O12c>select * from role_sys_privs where role='RESOURCE';

ROLE            PRIVILEGE                                   ADM  COM
--------------  ------------------------------------------  ---  ---
RESOURCE        CREATE TRIGGER                              NO   YES
RESOURCE        CREATE SEQUENCE                             NO   YES
RESOURCE        CREATE TYPE                                 NO   YES
RESOURCE        CREATE PROCEDURE                            NO   YES
RESOURCE        CREATE CLUSTER                              NO   YES
RESOURCE        CREATE OPERATOR                             NO   YES
RESOURCE        CREATE INDEXTYPE                            NO   YES
RESOURCE        CREATE TABLE                                NO   YES

8 righe selezionate.
```

Che è esattamente lo stesso risultato che si otteneva in Oracle11gR2. Il privilegio UNLIMITED TABLESPACE era infatti incluso nel ruolo RESOURCE in maniera implicita, non era esplicitamente visibile nel dizionario.

Possiamo però visualizzare i SESSION_PRIVS per accorgerci delle differenze. In Oracle 12c avevamo creato un utente test che aveva solo i ruoli CONNECT e RESOURCE. Se ci connettiamo con TEST e ne verifichiamo i privilegi di sessione:

```
O12c>conn test/test@corsopdb
Connesso.
O12c>select * from session_privs;

PRIVILEGE
----------------------------------------
CREATE SESSION
CREATE TABLE
CREATE CLUSTER
CREATE SEQUENCE
CREATE PROCEDURE
CREATE TRIGGER
CREATE TYPE
CREATE OPERATOR
CREATE INDEXTYPE
SET CONTAINER

10 righe selezionate.
```

Facciamo lo stesso in oracle11gR2:

```
11g2>grant connect, resource to test identified by test;

Concessione riuscita.
```

```
11g2>conn test/test@corso11g
Connesso.
DBA >select * from session_privs;

PRIVILEGE
--------------------
CREATE SESSION
UNLIMITED TABLESPACE
CREATE TABLE
CREATE CLUSTER
CREATE SEQUENCE
CREATE PROCEDURE
CREATE TRIGGER
CREATE TYPE
CREATE OPERATOR
CREATE INDEXTYPE

Selezionate 10 righe.
```

Ci sono sempre 10 privilegi attivi nella sessione, ma con una grande differenza. In Oracle11gR2 c'era UNLIMITED TABLESPACE, in Oracle 12c quel privilegio non c'è più ma c'è SET CONTAINER che, come già visto, serve a gestire correttamente la connessione ad un PDB oppure al CDB in un'architettura multitenant.

7.8 Nuovi privilegi amministrativi

In Oracle 12c sono stati definiti tre nuovi privilegi amministrativi che possono essere assegnati ad utenti che devono compiere specifiche attività di amministrazione.

Si tratta dei privilegi amministrativi

- SYSBACKUP, per le attività di backup e recovery,
- SYSDG per la gestione di Oracle Data Guard,
- SYSKM per la gestione delle chiavi cifrate.

In Oracle 11gR2 era necessario utilizzare il privilegio SYSDBA per svolgere questi task. I nuovi privilegi consentono di ottenere una migliore "segregation of duties", assegnano ad ogni utente solo i privilegi indispensabili ad effettuare il proprio lavoro.

7.9 Nuovi privilegi su utente

7.9.1 GRANT...ON USER

In Oracle 12c è stato introdotto il concetto di privilegio concesso SU UN UTENTE. In questo caso, il commando di concessione del privilegio è sempre GRANT, la novità è la clausola ON USER che può essere aggiunta al commando.

A titolo d'esempio creiamo un nuovo utente:

```
O12c>Create user up1 identified by up1;

Utente creato.
```

E concediamogli il privilegio INHERIT PRIVILEGES (vedremo tra poco a cosa serve) sull'utente CORSO:

```
O12c>GRANT INHERIT PRIVILEGES ON USER CORSO TO UP1;

Concessione riuscita.
```

Per revocare il privilegio si utilizza, come sempre, REVOKE:

```
O12c>REVOKE INHERIT PRIVILEGES ON USER CORSO FROM UP1;

Revoca riuscita.
```

7.9.2 INHERIT PRIVILEGES

Fino ad Oracle 11gR2, se una procedura PL/SQL era definita con AUTHID CURRENT_USER essa veniva eseguita con tutti i privilegi dell'utente che la lanciava, anche se questi erano molto superiori ai privilegi del proprietario della procedura ed a quelli effettivamente necessari all'esecuzione.

Da Oracle 12c, una procedura PL/SQL definita con AUTHID CURRENT_USER può continuare a girare con i privilegi completi di chi la esegue solo se l'utente owner ha ricevuto il privilegio INHERIT PRIVILEGES sull'utente che la chiama oppure il privilegio di sistema INHERIT ANY PRIVILEGES.

Per fare un esempio partiamo da Oracle11gR2.

Ipotizziamo di avere un utente fortemente privilegiato, CORSO, che è DBA, ed un utente con bassi privilegi, UP1.

CORSO lo abbiamo già, creiamo UP!:

```
DBA >Create user up1 identified by up1;

Utente creato.

DBA >Grant create session, create procedure to up1;

Concessione riuscita.
```

Ipotizziamo che l'utente UP1 definisca la seguente procedura che concede, ad UP1 stesso, i privilegi di DBA:

```
DBA >conn up1/up1@corsopdb
Connesso.
DBA >set sqlprompt 'up1> '

up1> select * from session_roles;
```

157

```
Nessuna riga selezionata

up1> select * from session_privs;

PRIVILEGE
----------------------------------------
CREATE SESSION
CREATE PROCEDURE

up1> create or replace procedure test_proc
  2    authid current_user is
  3    pragma autonomous_transaction;
  4  begin
  5    execute immediate 'grant dba to up1';
  6  end;
  7  /

Procedura creata.
```

Ovviamente UP1 l'ha creata ma non ha i privilegi per eseguirla, non può dare DBA a se stesso:

```
up1> exec test_proc
BEGIN test_proc; END;

*
ERRORE alla riga 1:
ORA-01031: privilegi insufficienti
ORA-06512: a "UP1.TEST_PROC", line 5
ORA-06512: a line 1
```

Però la procedura è AUTHID CURRENT_USER, quindi se viene eseguita da qualcun altro, gira con i privilegi di chi la esegue.

UP1, dunque, per rubare i privilegi di DBA deve solo concedere l'esecuzione della procedura a CORSO:

```
up1> grant execute on test_proc to corso;

Concessione riuscita.
```

E convincere CORSO a chiamarla:

```
up1> conn corso/corso@corsopdb;
Connesso.
Up1> set sqlprompt 'DBA> '

DBA> exec up1.test_proc

Procedura PL/SQL completata correttamente.

DBA> conn up1/up1@corsopdb
Connesso.

DBA >set sqlprompt 'up1> '

up1> select * from session_roles;

ROLE
```

```
------------------------------
DBA
SELECT_CATALOG_ROLE
HS_ADMIN_SELECT_ROLE
EXECUTE_CATALOG_ROLE
HS_ADMIN_EXECUTE_ROLE
DELETE_CATALOG_ROLE
EXP_FULL_DATABASE
IMP_FULL_DATABASE
DATAPUMP_EXP_FULL_DATABASE
DATAPUMP_IMP_FULL_DATABASE
GATHER_SYSTEM_STATISTICS
SCHEDULER_ADMIN
WM_ADMIN_ROLE
JAVA_ADMIN
JAVA_DEPLOY
XDBADMIN
XDB_SET_INVOKER

Selezionate 17 righe.
```

Insomma, se UP1 è abbastanza furbo può inserire, anche momentaneamente, in una procedura un semplice comando per rubare i privilegi di chi poi la chiamerà.

Vediamo in Oracle 12c. Prima di tutto bisogna revocare il privilegio INHERIT PRIVILEGE su CORSO da PUBLIC.

```
O12c>revoke inherit privileges on user corso from public;

Revoca riuscita.
```

Questo perché la nuova modalità di funzionamento è molto più stringente della precedente. Di conseguenza Oracle ha deciso di concedere a tutti gli utenti (PUBLIC) la possibilità di ereditare i privilegi da qualunque utente. In questo modo, per default, tutto continua a funzionare come prima.

Adesso possiamo procedere con l'esercizio. L'utente UP1 l'abbiamo già creato, diamogli la possibilità di connettersi e creare una procedura:

```
O12c>Grant create session, create procedure to up1;

Concessione riuscita.
```

Poi creiamo procediamo con l'esercizio come abbiamo fatto su Oracle 11g:

```
O12c>conn up1/up1@corsopdb
Connesso.

O12c>select * from session_roles;

Nessuna riga selezionata

O12c>select * from session_privs;
```

```
PRIVILEGE
----------------------------------------
CREATE SESSION
CREATE PROCEDURE

O12c>create or replace procedure test_proc
  2    authid current_user is
  3    pragma autonomous_transaction;
  4    begin
  5      execute immediate 'grant dba to up1';
  6    end;
  7  /

Procedura creata.

O12c>
O12c>exec test_proc
BEGIN test_proc; END;

*
ERRORE alla riga 1:
ORA-01031: privilegi insufficienti
ORA-06512: a "UP1.TEST_PROC", line 5
ORA-06512: a line 1


O12c>conn corso/corso@corsopdb
Connesso.
O12c>
O12c>exec up1.test_proc
BEGIN up1.test_proc; END;

*
ERRORE alla riga 1:
ORA-06598: privilegio INHERIT PRIVILEGES insufficiente
ORA-06512: a "UP1.TEST_PROC", line 1
ORA-06512: a line 1
```

Questa volta l'utente UP1 non è riuscito ad approfittare dei privilegi forti di CORSO per rubare il ruolo DBA.

Per tornare alla situazione di Oracle 11g, CORSO deve esplicitamente autorizzare UP1 ad utilizzare i sui privilegi:

```
O12c>conn corso/corso@corsopdb
Connesso.
O12c>
O12c>GRANT INHERIT PRIVILEGES ON USER CORSO TO UP1;

Concessione riuscita.

O12c>
O12c>exec up1.test_proc

Procedura PL/SQL completata correttamente.
```

Indice Analitico

A

Accassible By · 102
Adaptive Query Optimization · 128
Anydata · 66
APPLY · 93
As of period for · 85
Audit · 34; 38; 145
Authid · 100

B

Bulk Load · 122

C

CDB · 10; 13
CDB$ROOT · 14
CloneDB · 30
Cloud Computing · 12
Cloud Privato · 12
Cloud Pubblico · 12
Colonne invisibili · 52
Container · 14
CROSS APPLY · 93

D

Data Dictionary · 16; 44
Data Pump · 32
  No logging · 33
Datafile
  Move · 31
Datatype
  Extended · 62
  Raw · 62
  Sql dinamico · 111
  Varchar2 · 62
Dbms_qpatch · 40
Dbms_sql · 108
Dbms_sql_monitor · 133
Dbms_stats · 113
  Concurrent · 115
  Global_temp_table_stats · 127
  Incremental · 116
  Options · 123
  Report_col_usage · 113
  Seed_col_usage · 113
Default Value · 47; 48
Dizionario dati · 44
Dpexport
  Views as tables · 34
Dpimport
  Compressione · 36
  No logging · 37
Dynamic sampling · 129

E

EM Express · 28
  Performance Hub · 30
  Report · 30
Encription_pwd_prompt · 37
Expand_sql_text · 103

F

FETCH · 86
For Update · 91

G

GTT · 125

I

Identity · 46
Indici · 74
  Cleanup · 75
Installazione del database · 8
Installazione multitenant · 10
Istogrammi · 121

L

LATERAL · 94
Library · 101

M

Max_string_size · 62
Multitenant Architecture · 13

N

non-CDB · 10; 13
Null · 47; 48

O

OFFSET · 86
Oggetti del DB · 44
Opaque type · 67
OUTER APPLY · 93
Outer join · 79

P

Paginazione dei dati · 86
ParallelStatement Queuing · 141
Partizioni · 68
    Exchange Partition · 68
    Indici parziali · 72
    Manutenzione · 73
    Move online · 72
    Truncate · 68
Pattern Matching · 95
PDB · 10; 13
    Create · 22
    Duplicazione · 22
    Shutdown · 19
    Startup · 19
    Tnsnames · 19
    Trigger · 24
    Unplug · 21
Pga_aggregate_limit · 32
Private Cloud · 12
Privilegi
    GRANT...ON USER · 156
    Inherit privileges · 157
Public Cloud · 12

R

Result Cached · 100
RMAN
    PDB · 43
    SQL · 40
    Table level recovery · 42
Root Container · 14
Row Archival · 53
Ruoli
    Comuni · 17
    Locali · 18
    Resource · 154

S

Sequence · 45; 47; 91
    di sessione · 77
    Keep · 78
Servizi Windows · 11
SHA-2 · 144
SQL Dinamico · 108
SQL Plan Directives · 129
SQL*Loader
    dNFS · 38
    Express mode · 38
Statistiche dinamiche · 129
Statistiche incrementali · 116
Sysbackup · 156
Sysdg · 156
Syskm · 156

T

Truncate Cascade · 56

U

Ultimo Login · 154
Unified Audit · 145
Union · 138
Union ALL · 138
Utenti
    comuni · 17
    locali · 17
Utl_call_stack · 104

V

Validità dei dati · 83
Viste materializzate · 141
Viste Materializzate · 91

W

With e Funzioni · 110

X

XMLDB · 43
XMLType · 66

Indice delle figure

Figura 1-1 Aggiornamenti automatici..8
Figura 1-2 Installazione con utente Administrator................................9
Figura 1-3 Errore: è stato scelto un amministratore.............................9
Figura 1-4 Creazione di un utente Windows dedicato........................10
Figura 1-5 Multitenant Architecture: scelta tra CDB o non-CDB.........11
Figura 1-6 Servizi Windows..11
Figura 2-1 Datafile e Tempfile del PDB..27
Figura 3-1 Interfaccia grafica di EM Express......................................28

www.ingramcontent.com/pod-product-compliance
Lightning Source LLC
Chambersburg PA
CBHW030006190526
45157CB00014B/790